欧债真相

从危机看一体化经济的隐患与未来

许凯◎著

ZHEJIANG UNIVERSITY PRESS
浙江大学出版社

目　录 contents

推荐序　说真话是发展的根本

经济学家　王小明

　　2009年爆发的欧债危机是这些年仅次于美国金融危机的一个国际大事件。它冲击的不仅仅是国际经济体系,还有对区域货币和政治联盟的信心。对于中国而言,超高的经济对外依存度使得我们很难置身事外。由希腊政府债务所引发的一系列问题,值得学术界、企业和政府进行深入的思考,即使对非专业的读者,了解欧债危机的成因与可能的后果,也是理解我们经济生活的一次愉快的阅读经历。那么,我们从许凯先生的这本著作中能够学到哪些有趣的信息呢?

　　第一,欧元区要做的除了想办法促发希腊自身的经济增长能力外,更重要的是平衡整个欧元区各国的发展,解决区域经济发展失调等问题。许凯先生的论断极其正确,在区域经济一体化的过程中,一定要防范强国(德国)黑洞现象,即一个技术和创新处于超级地位的国家将同盟内其他国家的人才和资本吸引过去,导致同盟内边缘性的国家处于高增长的路径之外而陷入贫困。

　　第二,希腊的问题是:高福利纵容高债务,加上奥运年的经济过热后遗症和经济的空壳化背景,问题爆发只是时间。许凯先生在书中以生动的笔法梳理了希腊高债务背后的政治因素,尤其是选举与攀比问题。在一个紧密的经济联合体但松散的政治联盟框架下,如果要赢得选举留住人才,那么福利水平趋同的压力就迫使当政者向福利国家看齐。但各国的财政收入能力本来就不一样,高福利迟早会累积天文数字一样的高债务。

第三，单一监管权的获得，既放大了欧洲央行的权力，也增大了欧洲央行的责任与负担。许凯先生在讨论欧洲央行的监管能力时，强调了它必须承担微观的道德风险与执行宏观的最后贷款人职能。这个问题恐怕是今后欧洲银行监管中最大的挑战。

第四，许凯先生指出：经济上相互依赖，更强化了中德战略上的合作定位。中国的稳定健康发展是德国经济的福音，经济衰退的中国不符合德国利益。这样的论点对于很多有阴谋论情节的读者是一种警醒。一个国家的崛起如果不能带动世界经济的进步，而是导致其他国家衰退，那么这种以邻为壑的国家战略在其他国家的反制下终会失败。我们的读者要了解的是，合作比对抗更能够提高全世界的文明进步。

阅读了《欧债真相》之后，作为读者我集中讲几点：

第一，欧盟的魅力在哪里？政治和解、经济一体化、遏制民族主义的阴魂。欧盟的出现消解了两次世界大战给欧洲人民留下的苦难记忆。就业的流动性与欧盟内部交易的便捷性使得欧洲人民之间的交流与理解得到强化，以狭隘的民族主义思想为基础的国家之间的对立性不复存在。就此而言，欧盟的未来是进一步强化经济的平衡发展和政策的协调，不能因为欧洲危机而弱化这样的努力。

第二，欧债的问题第一次让大家知道了，国与国之间说真话的机制比什么都重要。如果不是希腊在高盛的帮助下刻意隐瞒庞大的债务，欧洲也不会陷入如此不堪的危机之中。每个国家都有一定的自身利益，但为了获得联盟的好处就得遵守联盟的规则，准确地公布相关的信息。诚实是最好的合作策略，撒谎所获得的一次性收益迟早会付出惨重的代价。

第三，财政政策的协调能力非常关键。欧盟明确规定了各国的债务水平不能超过 GDP 的 60％。如果严格执行这样的限制，对于欧洲一些经济吊车尾的国家如何支付福利、教育和公共工程的支出？因此,欧洲应该考虑如何为区域内的穷国提供增长的引擎。穷国愈穷、富国愈富的格局会瓦解欧盟的存在。

第四,如何切实提高欧洲央行对区域内央行的监督与处置的能力。最近几十年的经济危机无一不是以商业银行的破产作为典型的事证。而作为发行欧元与协调金融政策的欧洲央行在设置之处并没有被赋予最后贷款人的责任,但是随着欧洲商业银行出现支付危机,欧洲央行不得不承担这样的责任。那么,随之而来的问题是如何赋予欧洲央行监管与处置商业央行的权力？这样的权力又如何能够跨国实施？

阅读《欧债真相》是一次紧张的经济之旅。许凯先生不仅仅讲述了一个经济问题,作为一名优秀的经济观察与分析者,他将危机中各国官员、企业家和普通人的行为描述得生动有趣。相信读者的感受与我是一样的。

2014 年 10 月 24 日于上海财经大学

前　言　一场须跨越人性的实验

小蚂蚁也尝试啃大象

三年前在我为所供职的《国际金融报》开始撰写"国际金融观察"专栏的时候，没想过会出版这个小册子。当时考虑的是，利用零碎的时间，把对国际领域内发生过的和正在发生的政治、经济和国际关系作个记录，并作一点思考。尽管思考得很肤浅，作为一家之言，也被陆续刊登在被称为"易碎品"的报纸上。连续观察了一年半之后，开始觉得有整理成册的必要了。这倒不是自以为写得多么高明和了不起，而是觉得整理成册之后，可以更系统化些，也便于修正与调整。更重要的是，可以作为资料留存，也算是给自己一个交代。

作为记者，要关注的领域很多，尤其是关注国际金融领域的财经记者，从欧美大陆到亚太腹地、从国际政治经济到中国问题思考、从经济金融到行业产业，不一而足。由于新闻工作的特殊性，记者有着鲜明的职业特点：仿佛记者无所不知，但又仿佛无所知；记者都是"杂家"，但又往往杂而不专。这是记者的优点，又是记者职业发展的瓶颈。在没办法不杂的情况下，要尽可能专一点。这是笔者在开设这个专栏时的想法。于是，在间或撰写社论和其他领域评论文章的同时，笔者把专栏的领域尽可能缩得小一点，即使冠以"国际金融"的字样，也不能天马行空地到处写，欧洲和欧债危机，成为这个专栏的关注领域。不过，老实说，还没写几篇笔者就发现，仅欧洲，也是一个不小的领域。

需要跨越人性的鸿沟

就像一只妄图啃下大象的蚂蚁，笔者开始专注于欧债危机，开始对欧洲各国发生的大大小小的事件和言论感兴趣。最让笔者感兴趣的是欧盟和欧元区的尝试。两百多年前，美国人在北美大陆创立了人类历史上最值得称道的政治制度，这套制度至今仍是全球非常先进的制度，也仍让全球不少国家难以望其项背；几十年前，欧洲人经历过两次世界大战，欧洲的先贤在经过无数番思考后，提出了统一政治和经济的设想，这就是如今正在实践的欧盟和欧元区。欧洲的尝试，是人类文明的创举，也将给人类发展带来深远的影响。这是笔者在思考美国和欧洲时的基本认知，也是欧美政治和经济的基本面。但这并不意味着这本小册子就是一本唱赞歌的小册子，老实说，它更偏重于批评，更偏重于质疑和拷问。

这些质疑和拷问的基本逻辑是，欧洲的尝试并不是一件容易的事儿。为什么会这么说？笔者一直认为，欧洲的尝试，既需要跨越人性，亦需要超越国家与民族的界限。而这些，会成为尝试失败的根本原因。人性既是善良的，也是邪恶的，既有神性亦有兽性，贪婪、自私、懒惰这些恶习，自人类诞生开始即初露端倪。正是人性的懒惰纵容了高福利制度步入误区，也正是人性的贪婪和自私，给欧洲各国的发展带来了障碍，给欧洲的政治和经济一体化尝试树立了以国家和民族名义的壁垒，让欧洲的很多尝试推进举步维艰。比如欧洲各国都想借欧盟和欧元集团获取更多的利益而不肯作过多的付出，英镑至今不肯放弃自身利益而融入欧元，一些国家既要应对经济危机还要应对自身的分裂，一些国家在为主导权的争夺吵闹不休。这种种现象，都是本书中所写的真实存在，也都给欧盟和欧元集团的存续造成了障碍和风险。从根子上讲，这些年的欧洲，其实是一直在同人性战斗；未来的欧洲，亦须跨越人性，才能战胜由人性衍生出来的各种挑战。

欧洲不会就此漆黑一片

这是欧洲的终极挑战。这波债务危机以及后续的影响，肇始于人性的卑劣一面。这些，相信读完本书的读者，会从具体案例的描述中找到蛛丝马迹。但也不能据此认为，欧洲就此漆黑一片，欧洲的政治和经济尝试也终将付之于失败。在作这个判断时，笔者立论的基点是欧洲大一统理念的尝试。但需要申明的是，笔者无意臧否小国寡民的政治理想，因为有时这也未尝不是人类的多样化选择（瑞士就是一个案例）。

就像书中笔者多次提到的一样，基于大一统理念的欧盟和欧元区尝试，是欧洲历史上所经历过的最好的解决方案。欧洲这片大陆，常年处于战争状态，从中世纪开始，欧洲大陆的战争就没停过，不是跨国大战就是局部战争。欧洲的历史就是一部战争史，由战争状态和战争准备状态所组成。20 世纪最大的两次世界大战，发源地都在欧洲。而欧盟的尝试，则是各国摒弃历史上的恩怨，结成一体化的最好选择，如今已得到欧洲大部分国家的支持。倘若尝试成功，在全球范围推广亦可期待。而欧元区的尝试，则是欧洲经济一体化的尝试，也是欧洲抱团取暖的尝试。在全球经济一体化的状态下，如果欧洲各国各自为政，在全球的经济发言权就会被分散和削弱，而经济一体化的思路，可以起到一个拳头的作用。

　　欧洲要想实现设想中的目标,首要的就是跨越人性的障碍,通过制度化来约束人性中恶的一面。从这个角度看,欧元区统一货币使用、欧央行统一银行业监管等措施,都是为了更有效地限制各自为政的弊端。而目前所做的这些还远远不够,欧洲要对人性的恶有充分的认识。欧洲的未来,取决于这些认识,以及基于这些认识所采取措施的成功与否,倘若不能做到这些,欧洲将陷入更危险的窘境。相信,欧洲人有充分的智慧应对。

第一篇

祸起"巴尔干"

第一章 带病入盟的希腊"终于病了"

患病的希腊终于获得欧洲央行救助贷款。这一方面是对希腊在实现欧元区减赤目标时所作出的努力及取得的成果的肯定,另一方面则是欧元区对成员国救助承诺的程式化履行及对整个欧洲未来形势的担忧。

希腊总是不失时机地提醒人们,它才是奥林匹克的真正发源地。自2009年10月债务危机爆发,希腊的坏消息就不断。当年10月初,希腊突然宣布,2009年政府财政赤字和公共债务占国内生产总值的比例预计将分别达到12.7%和113%,远超欧盟《稳定与增长公约》规定的3%和60%的上限。随后,全球三大信用评级机构惠誉、标准普尔(Standard & Poor's)和穆迪相继调低希腊主权信用评级,危机引爆。

"巴尔干"危机,欧洲不省心

时间退到2012年。这年5月,希腊甚至出现了银行挤兑现象。8月7日,标普再次下调希腊信用评级展望至"负面",并威胁称如果国际救助资金填补不了赤字和债务缺口,将可能再次下调信用评级。当月9日,希腊统计局公布经济数据，失业率攀升至 23.1％，15～24 岁青年失业率则超 55％，均创统计以来新高。同时，这个 2004 年第 28 届奥运会主办国还面临更大的坎儿是，8 月 20 日到期的 32 亿欧元国债还不知道该怎么偿还。

希腊政客为这笔即将到期的钱焦头烂额，但他们还不是最焦头烂额的，欧盟委员会和欧央行似乎比他们更着急。自 2001 年加入欧元区，这个巴尔干南部半岛的火药库，就成功地把自己与欧元区和欧盟绑在一起。这不，2012 年 8 月 5 日，欧盟委员会、国际货币基金组织和欧央行还在同希腊财长会晤，商讨 1300 亿欧元二次救助资金的落实问题。他们担心的是，如果这 32 亿国债到期还不了，希腊就有可能在 8 月 20 日宣布破产。

这可不能轻易让它发生。尽管希腊破产或退出欧元区，早已是欧盟和欧央行沙盘推演的几种可能之一，并为其精心撰写了脚本，但这一结果并不是欧盟所愿意看到的。普遍的观点认为，希腊的退出事关欧元区的政治正确，退出的多米诺骨牌效应可能会危及欧元区存亡，寄托数代欧洲领导人光荣与梦想的欧洲一体化也将遭受重大挫折。正是这一观点促使欧盟砸下 1100 亿欧元后又开始进行 1300 亿的二次救助。

其实，危机的种子随着欧元区设想的提出而早已被埋下。作为紧密的经济联合体，欧元区领导人在急切达成政治诉求的背景下，毫无疑问地放松了对成员国的资格审查。众所周知，根据《马斯特里赫特条约》，成员国必须符合两个关键标准：预算赤字不能超过 GDP 的 3％，负债率不超过 GDP 的 60％。两项条件均不达标的希腊，找高盛帮忙一起玩了个"债务隐瞒"的花招。当 2009 年希腊被迫率先宣布两个指标分别高达 12.7％和 113％时，欧债危机拉开大幕，并进而蔓延。值得一提的是，当年玩这些花招时，高盛的欧洲客户并不只是希腊一家。

希腊毫无疑问地成为这些隐瞒债务的"同侪"中危机最为严重的。这个曾经的欧洲文化摇篮和先驱,正在以难以阻挡的态势把大欧洲拉向万劫不复的境地。希腊债务问题既是希腊的问题,又不仅仅是希腊的问题。希腊的问题是:高福利纵容高债务,加上奥运年的经济过热后遗症和经济的空壳化背景,问题爆发只是时间。说不是希腊的问题,因为早在高盛出招"帮忙"时,就已笃定希腊问题迟早爆发,这从其随后购买 CDS(信用违约互换)可见端倪。当美国次贷危机冲击波来袭时,希腊就不可避免地出问题了,而这时,欧盟和欧元区的制度设计和内部的严重分歧纵容了危机的加深和蔓延。

这时的希腊像个"楔子"。对希腊而言,退出欧元区可重获货币自主权但成本不菲,不退出欧元区尽管经济上是个蹩脚政府,但却可享受欧元区经济一体化的便利。从近期的表现看,希腊民众更倾向于留在欧元区享受便利而不肯承担责任。而对欧元区来说,希腊却像一个烫手山芋:留着,自我修复能力欠缺的希腊,是个债务的无底洞,即使两轮 2400 亿欧元的救助全部到位,希腊债务问题仍难以解决(截至 2011 年年底,希腊债务总额为 3556 亿欧元);不留,希腊的退出恐会带来连锁反应,会极大削弱欧盟的政治号召力和凝聚力,考验欧盟的各项制度设计,并可能导致欧盟和欧元区解体。

欧盟和欧央行领导人,像几个老船工一样到处在忙着修复这艘大船,尽管船上的部分乘客仍在忙不迭地凿洞。现实是,希腊危机已经蔓延,西班牙、意大利等相继陷落,并且还不时滑向更微观些的银行业。可以肯定的是,欧央行没有能力救助,欧元区主要债权国与债务国的博弈仍在一步步延误时机。各债务国能自救吗?希腊考虑的办法是借新债还旧债。标普消息发布后,希腊被迫宣布拍卖总额 31.25 亿欧元的短期国库券,以偿还 8 月20 日到期的 32 亿欧元国债。可问题是,希腊的这些债务,都有到期的时候。

退不退出欧盟，德国有想法

　　希腊危机引爆之后不久，该国与德国进行了一场唇枪舌剑。2012 年 8 月下旬，希腊总理安东尼斯·萨马拉斯（Antonis Samaras）在访问柏林前夕威胁说，将希腊逐出欧元区"可能成为一场地缘政治噩梦，影响将不仅仅限于希腊"，他要求多给点时间实施最新的削减 115 亿欧元预算和结构性改革计划，这时，德国没给正面回应。德国财长沃尔夫冈·朔伊布勒（Wolfgang Schäuble）毫不含蓄地说，"更多的时间意味着……更多的资金"，德国总理默克尔也表示，希腊必须"信守承诺"。

　　尽管默克尔没有承诺给予更多的时间宽限，她随后还表示希望希腊留在欧元区，但默克尔的希望并不能完全消除萨马拉斯的担忧。他要求欧洲官员不要再公开猜测希腊退出欧元区的可能性并不是无的放矢，他清楚地知道由德国副财长领导的一个工作组正在研究希腊退出欧元区的可能影响，他也肯定看到了报章关于希腊退出的无数讨论文章。

　　更严重的是，他最关键的救命稻草之一的德国总理默克尔，也并不是女超人：一方面，市场研究机构 Markit Economics 2012 年 8 月份发布的 PMI 指数显示德国经济活动已连续七个月收缩；另一方面，她执政联盟中的两大盟友巴伐利亚基督教社会联盟和自由民主党早表示反对继续援助希腊，她所在的基督教民主联盟也有不少成员对希腊失去信心。

　　萨马拉斯明白这一点，于是赶在与德法领导人会晤之前推动最新的财政削减计划，并在 8 月初由执政三党通过，9 月提交议会。这一计划包括全面削减退休金、削减工资以及对公共部门进行更广泛的裁员。萨马拉斯是在为退不退出欧元区抢时间,这正是他在会晤默克尔和奥朗德时希望给予更多时间宽限的原因,他希望把最后的期限从 2014 年延长至 2016 年。

希腊不想退出欧元区,谁想呢?相信那部分猜测希腊退出欧元区的欧洲官员和做可能性研究的德国工作组,都清楚希腊退出的政治后果。正如默克尔所说,"欧元不仅是一种货币,更是一种理念",希腊退出或给这种理念带来致命的创伤,更可能诱发欧元区的解体。他们的猜测或估算,或许更多体现在经济和社会层面:希腊退出的负面影响会如何蔓延?这会给欧元区带来多大损失?又会给自己的国家带来多大损失?

他们或许更应该测算的是,希腊继续留在欧元区会有多大风险和可能造成多大损失,以及该如何减少这些负面影响。希腊的债务漏洞将是欧元区各国的巨大包袱,并且,一个经济增长乏力、财政赤字惊人的希腊,会持续不断地输出危机,其不确定性也会持续破坏欧元区的稳定。要解除危机,欧元区要做的除了想办法促发希腊自身的经济增长能力外,更重要的是平衡整个欧元区各国的发展,解决区域经济发展失调等问题。

然而,这对欧元区乃至整个欧盟而言,都是一场政治考验。现实是最好的镜子:希腊在紧缩的时间限度与力度方面与欧元区主要债权国展开博弈,紧缩是欧元区的现实所需,而急剧的紧缩又不可避免地延缓着希腊经济的恢复速度。欧元区各国还在为紧缩力度和时限讨价还价,但危机的蔓延却丝毫不因这些政治分歧而暂停脚步。欧元区需要尽快协调立场,尽快阻止这波可能给全球经济带来深远影响的经济下滑。

尽管如此,看起来希腊不会退出欧元区,欧元区也暂时不会选择牺牲希腊。萨马拉斯对"欧洲官员成天公开猜测希腊退出"影响私有化实施的说法有其道理,希腊需要切实落实新计划来缓解危机,让投资者恢复对希腊的信心。对欧盟而言,在给重债国通过输血等方式打强心针的同时,需要尽快找到隔离机制,边治疗边防范潜在的风险蔓延。

躲过"世界末日",危机仍未解除

2012 年 12 月 21 日,据说是玛雅文化记载中的"世界末日"。"世界末日"的前几天,希腊的感觉好了很多。标准普尔 12 月 18 日破天荒地将其评级从选择性违约上调至 B－。这是自 2011 年 6 月以来标普给希腊的最高评级,在12 月 5 日希腊启动 2012 年第二次债务重组时,该机构曾毫不客气地将希腊评级暂时下调至选择性违约。

标普的主要理由是欧元区有力且明确的不放弃希腊的承诺。欧元区财长 12 月 13 日同意 12 月份向希腊发放 343 亿欧元救助贷款,第二年 3 月底前再发放另外的 148 亿欧元贷款。12 月 19 日,欧洲央行又宣布,将在货币市场操作中重新接受希腊国债作为抵押品。欧洲金融稳定基金(EFSF)也同日宣布,明年将通过发行长期债券筹集 550 亿欧元(合 725 亿美元)至 600 亿欧元,为爱尔兰、葡萄牙和希腊救助计划融资。

这真有些寒冬梅花开的味道。早在希腊成功回购 319 亿欧元债券、欧元区又同意救助方案后,希腊总理萨马拉斯就禁不住乐观地断言,连续 5 年衰退之后,希腊出现了真正的增长前景。他接着承诺,陷入瘫痪的银行业将在未来几周得到重组。同时,受欧央行重新接纳希腊国债消息的提振,19 日当日希腊 10 年期债券收益率即降至 21 个月来最低水平。

有趣的是,当读者看到这里时,一个事实是传说中的"世界末日"是虚惊一场,玛雅人开了世界一个玩笑。那么,后"世界末日"时代的希腊,是否也已安然无恙了呢？会不会是标普跟全球投资者开了一个玩笑？

标普的判断或许过于乐观了，这种乐观情绪有可能误导全球投资者，让世界误以为希腊已走出困境，欧债危机的阴云开始消散。而更真实的情况是，希腊获得欧洲央行救助贷款，一方面是对希腊在实现欧元区减赤目标时所作出的努力及取得的成果的肯定，另一方面，则是欧元区对成员国救助承诺的程式化履行及对整个欧洲未来形势的担忧，欧元区的继续争吵与拖延只会加深危机，并给希腊、意大利等重债国以负激励。

具体而言，希腊的财政状况确实已有所好转。希腊财政部 12 月 10 日公布的数据显示，由于支出大幅削减抵消了收入的小幅下滑，希腊 1—11 月份赤字缩窄至 129 亿欧元，上年同期为 215 亿欧元，缩窄幅度达 40％。当期基本预算赤字同样大幅下滑，至 15 亿欧元，上年同期为 59 亿欧元。预算支出降至 587 亿欧元，上年同期为 680 亿欧元。欧元集团表示，2009 年以来希腊结构性赤字占国内生产总值（GDP）的比例已降低 13.9 个百分点。

然而，希腊这一让欧元区看起来还算不错的财政数据，是以国内的经济紧缩与政治压力为代价的。时任希腊财长的雅尼斯·斯图纳拉斯（Yannis Stournaras）就很清楚这一处境，他对媒体公开说，2013 年是"生死攸关"的一年，如果希腊能够落实欧盟与 IMF 的方案，就能渡过难关，如果执政联盟无法承受政治压力，就会失败。他认为，希腊"仍面临可能的破产风险"，一旦无法偿还国际债权人，退出欧元区就不可避免。

斯图纳拉斯这段话有着很强的向国内外喊话的意味，但也不讳言他说出了希腊的政治和经济现实。希腊既要摆平国际债权人，又要摆平国内的执政联盟，防止因两个中左翼政党退出而致联合政府垮台。希腊得到了欧元区的救助，这一防范欧元区解体的重要步骤，仍需要希腊选民付出更多的代价。斯图纳拉斯说希腊将以空前的力度严打漏税，实现私有化的严格目标，为外来投资扫除官僚主义障碍，但这更多的仍是在存量上下功夫，能否带来增量仍不得而知。

不过，在之后的时间里，经济仍处于衰退、失业率也居高不下的希腊，和整个欧元区一样，仍未找到经济复苏的真正办法。而坏消息却不断，联合国《2013年世界经济形势与前景》将2013年全球增长预期下调至2.4%，并警告称世界经济可能重陷衰退，而欧洲则陷入了债务、紧缩政策、低增长和高失业率的"恶性循环"。相信捧着新近落入口袋的343亿欧元贷款的希腊，更知其中的意味。

就连斯图纳拉斯本人，也在2014年6月9日，被执政近两年宣布改组的两党联合政府撤换，他的继任者是经济学教授吉卡斯·哈尔杜韦利斯。哈氏曾担任过希腊欧洲银行首席经济学家和研究部主任，在多个大学执过教，还担任过前总理西米蒂斯和帕帕季莫斯的经济办公室主任。他们期望教授能为希腊摆脱债务危机注入新的活力。

第二章 模范生德国也有自己的烦恼

德国曾经是并且依然是欧洲的经济标杆和稳定船锚,德国经济不管是历史还是当下也都为欧洲经济乃至全球经济做着极大的贡献。但是,德国传统的制造业优势丧失后该怎么办?

在惯常的舆论场中,德国才更像是欧洲的主角。尤其是在欧元区,当法国因危机态度低调时,德国就被更多人记起。作为债权国和欧洲的制造业大国,德国被寄予了厚望,当然,德国也很享受这一领导角色,德国的领导人也乐此不疲地奔走于欧洲乃至世界,为欧洲代言。而其实,德国也有着自己的烦恼。

最初的烦恼像是来自外部

临近 2012 年年尾,从德国那边传来的消息有些寒意。12 月 7 日,德国央行下调了 GDP 预期,认为德国可能步入衰退(连续两季度负增长),"甚至有迹象显示,2012 年最后一季度和 2013 年第一季度经济活动可能下滑"。德国央行将 2012 年 GDP 增速预估下调至 0.7%,低于前次的 1.0%;将 2013 年增速预估下调至 0.4%,低于前次的 1.6%;预计 2014 年 GDP 增长 1.9%。

11

尽管德国政府发言人塞伯特当日表态称很多经济指标并没有显示出衰退迹象，政府仍持谨慎乐观态度，"毫无疑问，我们的经济仍在增长"，市场还是报以失望情绪，欧元兑美元小幅下跌至 1.2923，日中一度跌至 1.2878。对德国的担忧情绪弥漫媒体，比如《国际金融报》当时就曾以"航运业或致德国'溺水'"为题报道了由航运业萧条而引发的德国银行业危机，其中穆迪报告称德国排名前十的大银行共有 980 亿欧元不良贷款与全球航运业有关联。

作为欧洲主要债权国的德国，代表着欧洲经济的典范与支柱。德国经济的风吹草动足以对欧洲经济的整体表现产生重大影响。几乎与德国同时，欧央行也下调了第二年欧元区的经济预期，新预测区间的中间值显示，欧元区 2013 年 GDP 下降至 0.3%，而 9 月份的预测数据是 0.5%。尽管欧央行仍将再融资利率维持在 0.75% 不变，但市场已经开始猜测 2013 年有望政策宽松，降息或不再遥远。

很显然，整个欧洲都陷入"增长的困境"，德国也难置身事外。目前看来，德国经济下滑，已是近期的基本趋势，但与希腊等债务国的情况不同，德国的问题主要来自外部，德国应"先攘外"。德国是主要债权国，不存在希腊等国来自外部的巨额债务压力；同时，德国国内的经济泡沫要小于西班牙等国，就困扰西班牙的房地产泡沫来说，据华泰证券数据，德国 1971 年以来，人均 GNI（国民总收入）增长 122%，真实房价仅增长 48%，从 1990 年至今的 20 年间，真实房价（扣除 CPI）累计涨幅为 −2.0%。

这意味着，对德国经济预期下调或航运业萧条的冲击等悲观表现，给予过度的解读是不恰当的。经济恢复增长将是未来的常态，相信德国会尽快恢复这一常态。作出这一判断取决于：德国已建立起以稳定物价和维护市场自由竞争为核心的社会市场经济体制，这一颇具自我修复能力的体制，保证了德国经济的稳定运行。这一体制确保了德国处于世界领先地位的制造业，更确保了稳定的内需。同时,德国人审慎的财政政策,也避免了遭遇类似美国、希腊等国的债务危机。

现在,德国出了点状况,这一状况可以概括为"外部的烦恼"。当全球经济陷入萧条时,德国与全球其他国家一样也面临着再平衡调整(中国则开始把启动内需作为主要抓手)。尽管欧元区经济的萧条拖累了德国的出口,然而,亚洲和拉美等新兴市场地区对德国需求的增长则给德国制造业创造了新的市场机会。这些地区的复苏,确保了德国经济在欧债危机以来还能保持不错的增长势头。比如德国向这些市场强劲出口机器设备、汽车和化工产品带动了整体经济上扬,2010 年和 2011 年德国出口增幅高达 13.7% 和 7.8%。相信随着外部市场的好转,德国经济仍复苏有期。

然而,作为欧元区重要成员的德国,靠亚洲和拉美等外部市场的复苏仍不够,欧元区经济仍与其息息相关。欧元区的债务共担机制仍会把来自边缘国家的债务和风险压力传导给德国,进而减缓德国的复苏。欧元区内部的平衡也是考量德国未来经济的主要参照,德国同样有赖于边缘国家的经济复苏。鉴于此,德国在调整国内施政策略的同时,是否也要站在欧元区的角度评估既往,进而促进边缘国家的尽早复苏?

内部的风险才更不容忽视

德国经济出问题的话,欧洲怎么办?对这个话题的担忧越来越多。欧洲对外关系委员会高级研究员塞巴斯蒂安·杜林和美国的彼得森国际经济研究所所长亚当·普森 2013 年 9 月分别投书英国《金融时报》,就德国所潜伏的制造业危机以及过度依赖出口的经济模式提出质疑,引起舆论关注。

　　杜林认为，德国制造业有丧失优势之虞，时值德国大选，而各大政党在竞选纲领中却没有触及其中原因，"德国奇迹"摇摇欲坠。他认为，由于投资过低，德国的基础设施正在阻碍经济发展，营商基础在恶化，解决的办法是增加基础设施支出，同时加大教育力度，"不再让大学和研究机构出现资金短缺"。普森则认为，投资不足是经济深层次结构性问题所导致的，德国应改变建立在低劳动力成本基础上的依赖出口模式。

　　两位欧美重要智库人士的观点很快得到数据佐证：德国 2013 年 7 月的出口意外下跌，季调后的 7 月出口月率为 -1.1%，低于预期的 0.7%，也低于上个月的 0.6%。同时，7 月经常账户盈余从 179 亿欧元收窄至 143 亿欧元，工厂订单环比大幅下滑 2.7%，低于预期的 1%。不过，亮色是季调后的 8 月进口月率增长 0.5%，高于上个月的 -0.8%。表明尽管外需乏力，内需还不错。

　　上述观点和数据出现在 9 月初，又有着特殊的意义。传统的中国中秋假期一过(9 月 22 日)，德国即迎来又一次大选，这是德国总理默克尔谋求第三个任期的重要选举，而经济议题仍旧是她得以连任的关键议题。尽管默克尔在电视辩论中仍自信地称赞德国是"欧洲增长引擎"，2013 年二季度 0.7% 的GDP 增速也领先于欧盟 27 国以及美国，但这两位专家抛出的议题仍值得德国重视。

　　是该思考德国制造业优势还能保持多久的时候了。德国拥有众多世界知名工业品牌，西门子、戴姆勒、宝马、博世、多尔曼、沃斯等等都享誉全球。德国制造的制胜之道是质量、技术和服务。随着全球经济的调整，来自亚洲等地的竞争者正在压缩着德国制造的领先优势。德国制造唯一的选择仍是继续保持质量、技术和服务优势，只有这些优势的存在，才能确保德国的出口模式能够有效运转。

质量和技术领先的一个前提是人才。只有持续不断的人才供应，才能确保质量和技术的全球领先优势。创新能力的降低对任何期望保持高端制造业的国家而言都是竞争中的最大障碍。普森研究发现，德国受过高等教育的年轻劳动者数已低于英国、西班牙等欧洲国家，德国需要加大对人才培养的投入。而另一个让德国制造潜藏人才隐忧的是，德国一度暂停技术移民。由于意识到工程、技术领域专业人才的巨大缺口，德国才于 2012 年开始推行"蓝卡"计划。

技术移民受到抑制，除了引进的人才良莠不齐外，就业的紧张也是一个重要因素。德国的产业整合也压缩了劳动力的使用，德国为了确保足够的就业，对"从摇篮到坟墓"的高福利制度进行调整，同时压缩劳动力成本。德国多年来的劳动力成本增速都是欧盟最低，2012 年才得以改善（上升 2.6%）。尽管如此，为了降低劳动力和其他营商成本，不少企业在国内办厂和国外办厂之间摇摆：国外办厂影响质量，而国内办厂成本又比较高。

两难选择的症结在过度依赖出口的经济模式。为了确保出口优势，德国政府倾向于选择在劳动力、资金和技术方面更有利于促进出口的政策选项。而对这一模式进行调整则难度不小。出口模式的选择是德国经济发展的必然，庞大的制造业规模仅靠国内市场很难承载，走向海外是必然选项。并且，为了确保充分就业和经济繁荣，任何一个民选的执政者都会更倾向于选择容易出政绩的政策，围绕出口依赖模式的选项更易被选中就不再是偶然。

当然，这并不意味着笔者否定德国当前的经济地位。德国曾经是并且依然是欧洲的经济标杆和稳定船锚，德国经济不管是历史还是当下也都为欧洲经济乃至全球经济做着极大的贡献。但是，德国传统的制造业优势丧失后该怎么办？德国在欧洲推行出口为主导的制造业模式时，恐怕更应该放弃心中的"德国制造优越论"，就如何整合欧洲各国经济多作些考虑。

默克尔连任减少了变数

默克尔的经济成绩给她带来了新的幸运，当地时间 2013 年 9 月 22 日，德国选民又一次用手中的选票继续把她确定为欧洲未来的一位核心领导者——安格拉·默克尔（Angela Merkel）如愿以偿地赢得大选而获连任。另一候选人、社会民主党的佩尔·施泰因布吕克（Peer Steinbrück）败北，成为默克尔的陪衬。施泰因布吕克曾任职德国财政部长。

前财政部长挑战现任总理，是现代政党政治中的常见桥段，并不值得惊奇。倒是这位前财长个性化色彩十足的表现让他屡受批评。作为挑战者，他没办法从卡位已久的默克尔那里寻找到更有号召力的国家治理计划和改革主张，而选择了更多的行为艺术，比如公开场合说话口无遮拦，比如竖中指，又比如暗示默克尔来自东德，并非"真正欧洲人"，不过又有消息说他曾为东德当过线人。

这些其实也都不重要，因为他还是反对党社会民主党（SPD）推举的候选人。他与默克尔的较量，是他们背后的政党较量。默克尔代表的基督民主联盟和姐妹党基督社会联盟（CDU/CSU），是 SPD 的直接搏杀对象。不过，在选前，高盛的综合分析已给出了较为精准的判断：默克尔的党派民意支持率在 38%～43%，SPD 只有 22%～26%。其后是绿党（13%～14%）、左派党（6%～8%）和自由民主党（FDP，4%～6%）。他们猜测，CDU/CSU 与中左的 FDP 组成"政治大同盟"的可能性最大，当然也不排除 CDU/CSU 与 SPD 再次组成大联盟，或者 SPD 与绿党、FDP 建立"交通灯联盟"的可能性。当然，还有一个让欧元区和欧盟揪心的极端的反欧元党派"德国选择党"（Alternative fuer Deustschland,AfD),不过他们的支持率只有 2%~3%。

这些分析还基本上靠谱,默克尔如愿以偿得以梅开三度。9 月 23 日公布的数据显示,默克尔领导的联盟党(基民盟/基社盟)获得超过 41.5% 的选票,成为联邦议院选举的最大赢家,但没有获得可以单独执政的联邦议院过半席位。联盟党的主要对手社民党获得 25.7% 选票,左翼党和绿党的得票率分别为 8.6% 和 8.4%。刚成立不久的反欧元小党德国选择党仅获得 4.7% 选民支持,也无法进入联邦议院。

获胜后的默克尔政府,还没有过蜜月期就已经进入状态,继续在德国小内政和欧洲大内政之间寻求平衡。为了选举,默克尔所在的党派已明确作出施政方针将更务实的决定,表示即使反对派的政策立场也会采纳,比如已引入最低工资和最高房租涨幅的计划。不管默克尔是更受德国小内政牵绊还是更大胆推动欧洲事务,德国小内政都是其执政中的最重要考量。

尽管有小内政的掣肘,德国新政府刚成立就需要思考大内政迫切需要解决的几方面问题:第一个迫在眉睫的问题是欧债危机的救助问题,具体表现是几个重危国的救助问题,以及为救助而派生出的制度性设置问题。比如,要不要给予希腊新一轮救助(第三轮),德国财长朔伊布勒曾承认希腊将需要第三笔援助;葡萄牙财政处于非常危险的状态,要不要再一轮救助;爱尔兰的救助退出问题以及西班牙银行业问题等。同时,曾被德国否决掉的债务共担方案是否需要继续商讨等。

其次,在默克尔连任的当口,欧洲的银行业联盟建设问题正处于最后的冲刺阶段。欧洲议会 2013 年 9 月 12 日正式批准通过欧洲银行业单一监管机制,此举让欧洲银行业联盟建设和一度评级曾遭下调的欧洲金融稳定机制(EFSM)都大受鼓舞。当时,欧洲正在努力推进单一清算机制。德国财长 9 月中旬明确表示,德国不希望推迟欧元区银行业联盟的建立时间。这一联盟也如德国所愿，在随后的时间里逐步得以落实。

再次，欧洲需要在能源开发和使用方面有所突破或改革，也需要在科技和创新方面有更大作为。能源问题是欧洲需要着重解决的问题，欧洲的能源系统要不要改革，可再生能源发电要不要继续给予补贴，欧洲的页岩气如何开发，过度供应的碳排放信贷如何削减等问题一个接着一个。同时，欧洲未来的发展，又有赖于科技和创新方面的作为。目前的欧洲尽管处于世界领先水平，但仍存在诸多发展的隐忧，笔者已在前文对此加以分析。

其实，欧洲需要德国参与解决的问题还有很多，远非笔者罗列的这三方面。比如与美国或者中国的贸易谈判问题，欧盟的扩容问题，欧盟的整体安全问题等等。这些问题最后都归结到欧洲的发展上。欧洲的未来也维系于欧洲自身的发展。从默克尔之前的行动看，德国致力于在全欧洲推行"德国模式"，而这是否是欧洲发展的未来，仍存有诸多争议。

很显然，这些问题的解决有赖于德国的参与和主导。不可否认默克尔之前作了很多努力，但或许也没有人能肯定，尽管默克尔顺利连任，这些问题也并不一定能够真的解决。

"德国制造"的中国元素

回到中德关系。这是中欧之间重要的双边关系。在说这个之前，我们看看默克尔连任前一年她的访华行程。这次访华，中德双方签署了18项协议，涉及航空、汽车等多个领域，其中最炫目的是工银金融租赁公司将购买50架空客，价值达35亿美元。双方同意通过协商解决光伏等领域的贸易摩擦，同意在双边贸易结算中增加使用人民币和欧元，尤其在购买欧债上，中国显示出更积极的态度。

这是默克尔任期内第六次,也是 2012 年内的第二次访华。这次访华的大背景是,希腊等国债务危机警报依旧高悬,风险向微观的欧洲银行业蔓延的可能性加大,德国自身经济也出现减速迹象,市场对欧洲经济二次衰退的担忧增加。作为欧洲的经济和政治大国之一,德国既需要找到摆脱自身经济减速的动力,也需要稳定欧洲经济,毕竟没有欧洲国家能从欧元区的崩溃中幸免于难。尽管中国不是也当不了救世主,但或许可以担当"德国的危机拯救人"。

中国的丰厚回馈印证了默克尔的判断。走出"磨合期"的默克尔,渐渐意识到中国对德国的重要。在欧债危机的阴影下,2011 年德国对华出口规模仍较 2005 年增长了 200%,而同期德国对欧盟其他地区的出口增幅仅为 24%,对美出口增幅甚至不足 7%。中国对德国的投资在 2011 年首次超过美国,成为德国最大的投资方。几个关于中德经济的结论是:中国是德国最大的进口国和第三大贸易伙伴,中国是德国四大支柱产业(汽车、机械、电子产品和电气设备、化工产品)的重要出口市场,德国是中国引进技术最多的欧洲国家。杜伊斯堡—埃森大学海贝勒教授评价说,德国经济的飞速发展应归功于中国增加了对德国商品的进口。

经济上相互依赖,更强化了两国战略上的合作定位。中国的稳定健康发展是德国经济的福音,经济衰退的中国不符合德国利益。同时,德国对中国亦具有不可或缺的战略利益:中国需要欧洲平衡美国一家独大的国际格局,德国是欧洲当仁不让的"意见领袖";德国以实业立国,先进的科技和实业经验对后进的中国弥足珍贵,德国亦是思想大国,发展中的中国需要从德国汲取思想营养。两国政治家意识到这些,2010 年 7 月默克尔访华时确立的两国战略伙伴关系,就明确了中德应是伙伴而不是对手,中德关系应立足于长远而不是短期。这为之后中德关系更为稳健作了很好的铺垫。

然而，这一关系仍存在潜在风险。在中德关系上，中国更像是追求者，被追求者的情绪波动极容易给相互关系蒙上阴影。中德关系潜藏的风险有：作为欧洲重要一员的德国，很容易让中德关系牺牲于欧洲政治，德国需要克制牺牲中德关系的冲动，因为这可能严重损害两国关系，损害符合两国战略利益的短期或中长期战略目标；中德关系也容易牺牲于意识形态，之前默克尔总理会见达赖等，都曾给中国带来过极大伤害；经济危机时期更容易滋生的贸易和投资保护主义，目前已在世界不同地方出现不同程度的抬头，正在损害着全球经济的复苏，中德都应防范这一风险。

更重要的是，中德需要寻求意识形态领域的更多共识。在联合国框架内，民主、自由、平等、人权等普世价值观，不仅为德国所接受，也为五大常任理事国之一的中国所认可并践行。不可否认的是，在这些价值观的具体实践上，两国尚存在不少分歧，这些分歧曾经阻碍着两国关系的前行。在内政和外交层面，两国都需要调适各自的立场和做法，使自己的施政更符合现代国际政治理念，使双方的价值观更趋同。这是两国关系长期和谐的保证。换句话说，单纯的经济靠不住，单纯靠输出经济利益来换取安全的做法，既无法换取国际上的尊重和认可，亦无法长期无恙地安抚国内民众，这从"订单外交"屡受诟病即可看出端倪。

默克尔的第六次访华，最值得关注的是当年 8 月 30 日在北京进行的"第二轮中德政府磋商"，双方随后发布了内容涵盖政治、经济和文化的长达 29 条的联合声明。中德政府磋商机制的建立，是中德两国关系深化的最重要的工具。中德人权对话、中德法治对话、中德防务战略磋商及国防部工作对话等机制的建立与正常运行，是中德未来的保证。

中德关系的推进还颇为顺利。2014 年 7 月上旬，默克尔开始了她任期内的第七次访华。这次访华,仍定位于经贸之旅,自然也有数十亿欧元的经贸大单。但更重要的是,意味着中德关系向更深入的层次发展。默克尔既访问成都、品尝地道美食,又前往一汽—大众考察,还为中德电动汽车充电项目揭牌,这意味着中德既相互加强产业合作,也更愿意深入民间加强交流、增进了解。中德双边关系,对中国与欧洲其他国家相互关系而言,也是个不错的模板。

第三章　法国说自己不是"欧洲病人"

法国总统奥朗德说他不会理会英国，他早就做好准备开打了，很快就有可能兑现承诺。他正义凛然地说，不能让大马士革的化学大屠杀不受到惩罚，这对其他国家也是危险。他说，他和奥巴马作了深度沟通。如果安理会不同意，那将拉个尽可能大的联盟再干。

2014 年 6 月 6 日，法国诺曼底乌伊斯特勒昂镇，20 国国家元首、政府首脑和 1800 多名二战老兵在这里出席了纪念盟军诺曼底登陆 70 周年纪念仪式，法国总统奥朗德发表了重要讲话。尽管有美国总统奥巴马在仪式上大嚼口香糖的不雅之举，这场盛典仍让法国尤其是奥朗德再次受到全世界的瞩目。与他的前任萨科齐不同，奥朗德似乎很久没受到这样的关注了。还不如德国，他的国家面临的经济问题看起来更严重。

法国版"紧缩—衰退—赤字"怪圈

0.4％还是 0.8％，这不仅仅是相差 1 倍的两个数字，还关乎国家荣誉。

2012 年 11 月 7 日，欧盟委员会公布了一份秋季预测，其中对法国 GDP 的预测值是不会超过 0.4％，远没有法国政府预测的 0.8％那么乐观。11 月 8

日,法国经济和财政部长莫斯科维奇到里昂参加经济日活动时宣称,法国有信心维持 0.8% 的目标,欧盟委员会"尚未掌握所有材料","我们比欧盟委员会更清楚自己"。

法国有没有吹牛?从这一来一回看,还真难判断。再把时间往前拉长些,或许就容易看清楚点儿。即使是法国坚持的 0.8% 的目标也是下调后的数字。2012 年 7 月初,法国总理艾罗将 2013 年的 GDP 预期从 1.75% 下调至 1.2%;2012 年 9 月 9 日,法国总统弗朗索瓦·奥朗德再次宣布从 1.2% 下调至 0.8%。

从法国方面的解释看,两次下调,既有外部欧洲主权债务危机拖累的因素,也有内部紧缩减赤的考量。其实,除了这两方面因素外,更重要的恐怕还是法国经济的整体减速。在法国经济连续三个季度零增长后,2012 年第四季度国内生产总值(GDP)初值季率萎缩 0.3%,降幅略大于之前市场预期的 0.1%。GDP 连续两个季度萎缩,通常被认定为陷入衰退。

法国央行的预测,给奥朗德 10 月份作出的欧盟"即将走出欧债危机"的判断泼了些冷水,法国一家智库(法国宏观经济研究所)当月即毫不留情地预测称法国 2013 年将出现零增长,事实上也确实出现了零增长。这种种迹象,或许预示着法国经济也已陷入"紧缩—衰退—赤字"的恶性循环。不管是否如此,在观照欧债危机乃至全球经济复苏时,都当对法国作出更恰如其分的认识。

拖累法国经济的几个因素当被重新审视。首要考虑的就是消费与投资。法国 2009 年第二季度开始的一波经济复苏,主要的拉动力就是家庭消费与投资。然而,最近的数据显示,消费受到抑制。法国国家统计局(INSEE)2012 年 10 月 31 日公布的数据显示,9 月家庭消费支出月率上升 0.1%,不及预期的上升 0.2%,年率则下降 0.3%。高盛的分析是,不确定性促使法国居民转持更谨慎立场，"居民收入的不确定性和财富效应对储蓄率带来显著影响，劳动力市场的持续恶化及房价走软可能导致预防性储蓄进一步上升"。

投资也面临困境。在高福利的法国，企业承担的社会成本远远高于其他国家。尤其是奥朗德政府组建后，为纠正财政失衡采取的措施之一就是提高税收，从而使法国整体税率几乎雄冠欧洲，导致竞争力下滑，投资受到严重挤压。再加上欧债危机，法国几大商业银行持有大量高危国的公共债务，动摇了境外投资者的信心。投资的下滑进一步拖累经济增长，2012 年 11 月 6 日总理艾罗公布的 200 亿企业减税措施，即是对过往政策的矫正。

减税的象征意义大于实际，法国政府将不得不在债务增减与税收增减的两难选择中不断寻求平衡。因为一向扮演欧债拯救者角色的法国，也是一个重债国。2010 年该国债务占 GDP 比重即达 81.7%，在欧元区 6 个 3A 评级国中最高；最新的预测是，2013 年这一数字将刷新为 91.3%。这意味着，法国既要救人，还要自救。法国财长也多次表态说要"坚决"压缩债务，又表态说要认认真真地给企业减负，"减负是一个起点，不是终点"。

财长豪气干云，坊间却难掩其忧。要让财长的两句话都兑现，除了外部拯救者外，法国将不得不走继续削减公共支出的道路。具体说，要从削减内政与国防方面的支出着手，比如减少行政体系的运营成本（降低公务员薪酬等），比如减少移民福利等，最终的结果是降低公共福利水平。这对执政者而言，可不是好选项，降低福利水平的另一面是承受更大的政治压力。

事实是，危机已经为降低公共福利奉献颇多。法国媒体 2012 年 11 月 8 日援引天主教救济会（Secours Catholique）报告称，法国居民的贫困化趋势在加重，低于月收入 964 欧元贫困线以下的人数在 10 年间增加了 10%，总人数已达 800 万。

想借对叙战争转运未获支持

2013年9月,叙利亚的形势又紧张起来,美国多次传出要武装干预叙利亚的声音。美国要打叙利亚了,欧洲兄弟干不干?英国说:干,不过议会不让干。法国说:干!英国不干我也干!德国说:不干,没有联合国、北约或欧盟的授权,这事儿咱不能干。旁边,西班牙、意大利、葡萄牙、匈牙利等一干欧洲兄弟或谨言慎行,或事不关己、高高挂起,开始沉默是金。

英国首相卡梅伦做足了想打的姿态。他说有证据表明叙政府14次使用化学武器,等于犯了战争罪和反人类罪,即使联合国安理会不同意,开打也是符合国际法的,不打不人道。反对党工党问:你的证据呢?议会下议院吵了8个多小时,开打的动议还是差13票未能通过。卡梅伦顺坡下驴:人民不想打,那就不打了。

法国总统奥朗德说他不会理会英国,他早就做好开打准备,很快就有可能兑现承诺。他正义凛然地说,不能让大马士革的化学大屠杀不受到惩罚,这对其他国家也是危险。他说,他和奥巴马作了深度沟通。如果安理会不同意,那将拉个尽可能大的联盟再干。

德国总理默克尔也和奥巴马通了电话,共同谴责了大马士革使用化学武器的举动,不过德国不准备跟着干,"希望政治解决"。她对媒体说,很遗憾,俄罗斯和中国的立场削弱了联合国的作用,不过没有联合国、北约或欧盟的授权,德国还是没法干。

其他兄弟们要么也出于这样那样的原因表了态,要么沉默不语。欧洲在战争面前再一次表现出了分歧。这是法美执意攻打叙利亚给欧洲带来的一个副产品：欧洲该如何防范个别国家单干可能对整体凝聚力带来的冲击。

其实，就各主要国家的表现来看，英国人不想打也可理解，上次利比亚那会儿，本来石油利益也不如法国，后来还被萨科齐抢了风头，又耗费了极大的国力，直到 2012 年年初，英国还在评估到底能不能再干一场利比亚这样的战争，评估结果是干不动了，要不马尔维纳斯群岛再次被占领都将无力收复。德国人更是不愿为战争冒险，除了 2/3 的国民反战，面临大选也实在不愿为这事儿横生枝节。

法国人则太容易找到想打的理由了。这里曾是法国的殖民地，叙利亚的建国本就是法国实力衰落的表征。并且，这个曾经的"藩属"也颇为不听话，还屡次得罪自己。扶持叙利亚反对派早已是法国国策，这次借战争教训一下不听话的巴沙尔政权，又可凸显自身的影响力，恢复大国地位，何乐而不为？

然而，这些想法对欧盟而言却是一个难题。作为欧洲超国家联盟的最高当局，欧盟该不该在对外军事行动上保持一致？如果任由各成员国自行其是，会不会损害欧盟的领导地位？在上次利比亚战争时，最终的模式是以法国为首的北约部队发动战争。这次如果发生战争，会不会克隆利比亚模式？又会否对欧盟造成分裂？

对欧盟而言，尽管并未就军队统一问题作过更多的表述，但事实上的军事存在是以北约为载体。虽说总部设在布鲁塞尔的北约是以美国为首的军事同盟，但一般认为欧盟之所以存在，军事上仰赖的正是北约。欧盟的主要成员国也是北约成员国，而北约却首当其冲以美国为主导。鉴于此，可以说欧盟是政治经济上的超级国家联合体，而又是军事上的行动矮子（受制于美国）。

更进一步说，就作为国家的四个要素而言（国土、宪法、军队和货币），欧盟存在天然的军事短板。欧盟各主要成员国有自己各自的军队，而欧盟统一的军事力量却受制于另一个政治实体：美国。尤其是在各成员国极力彰显自己存在的当下，欧盟的凝聚力却很难不受到影响。就此次叙利亚危机而言，欧盟内部法国与德国的立场明显有差异，即使与美国传统盟友英国的选择也有不同；而站在北约角度，法国紧跟老大美国，德国特立独行，而英国也选择了背离。这不同的立场会否给欧盟和北约带来分歧，尚待观察。

就后来的进展看，欧盟和北约选择了审慎的态度。欧盟避免作出是与否的明确表态：欧盟外交代表凯瑟琳·阿什顿说联合国的调查员"应该尽快查明真相"，而来自德国社民党的欧盟议会议长舒尔茨更是建议美、英、法等国不要仓促动武。而北约秘书长拉斯穆森则直接对丹麦媒体说，北约将不参加针对叙利亚政府的军事行动。

奥朗德比路易十六运气好一点

奥朗德总是没有他前任的好运气。萨科齐任上，总还是跟着美国干了利比亚一仗，最终逼得卡扎菲殒命而在军事上大获全胜。而奥朗德，遇到的挫折却明显要多一些。

早在 2013 年 4 月上旬，外国媒体就开始担忧起奥朗德来，担心他会成为像路易十六一样的牺牲品。《金融时报》，这家英国的报纸刊发了一篇关于法国总统奥朗德的文章，拿路易十六类比，提醒奥朗德不要步他的后尘，像他一样"没有意识到民众不满的程度，无法控制自己的下属，最终以悲剧收场，成为自己个性无力驾驭的力量的牺牲品"。

法国国际关系研究所(Institut Français des Relations Internationales)高级顾问、伦敦国王学院（King's College）访问教授多米尼克·莫伊西

(Dominique Moïsi)的这篇文章，提出了奥朗德执政近一年来所面临的严峻问题——正在逐渐失去法国民众对他的耐心。作者认为，法国民众与精英阶层的隔阂越来越深，处置不好的话，"奥朗德可能会被视为一场反抗法国现代精英运动的牺牲品"。

与他的前任被誉为小拿破仑的萨科齐相比，路易十六对奥朗德来说可显得灰暗的多。作者类比的基点在于，满怀理想的老实人路易十六碰巧遇上了法国大革命，这个曾经的"激进改革家"，最终结果却是他的王朝被推翻，他本人也死在自己亲手改装过的断头台上。

奥朗德肯定会比路易十六幸运得多。最坏的结果是他任期未满被人从台上赶下来，却不用太过担心会有生命之虞。当然，他和路易十六目前面临着类似的困境——致力于改革的路易十六因缺乏刚毅的个性最终被贵族和第三等级抛弃，奥朗德极力推进的法国另一场改革目前也遇到挫折。

这位曾经的密特朗总统府顾问，给法国开的联合药方是发展经济、改革政府。他试图降低失业率、削减债务、促进竞争力。他最为世界所瞩目的举动包括向富人征税和官员财产公开。他上台后即宣布向年收入超过100万欧元的高收入者征收75%的边际税，结果引发富豪移民潮，他引咎辞职的预算部长卡于扎克因爆出海外秘密账户给他的这一举动蒙羞；他敦促部长级官员2013年4月15日前公布私人财产，并计划通过金融透明法，要求金融机构配合打击避税，但这会带来什么样的政治结果仍有待观察。

然而，他的国家的经济状况却在一步步恶化——法国的经济增长几近停滞，公共债务却在急升。法国央行预计，2013年一季度尽管可能会避免陷入衰退，但0.1%的GDP增速预测值仍很不乐观。法国央行行长诺亚(Christian Noyer)更是表示当年经济增长可能停滞，增速接近于零。数据也显示，截至2012年年底法国公共债务增至1.83万亿欧元，占GDP的

90.2%,高于政府预期的 89.9%。这样的经济窘状,即便采取诺亚所主张的低利率政策恐也收效甚微。

尽管法国财长一再申明"法国不是欧洲病人",但作为欧洲第二、全球第五的经济体的法国,经济的困境已足以掣肘奥朗德的施政。奥朗德把经济恢复增长的希望放在 2014 年,而 2014 年却没能如他所愿般给力。法国的 GDP 已经连续两个季度零增长,第二季度工业生产下降 0.5%,企业投资回落 0.8%,失业率继续攀升,已达总就业人口的 10.1%。

奥朗德要避免遭遇路易十六式困境的办法是既不被极左翼和极右翼绑架,又能寻求到足够的支持者。这听起来像 mission impossible(不可能完成的任务)。他向富人征重税、改革金融业等"左"派主张,更值得警惕的后果不是失去富人支持,而是因资本外流进而让法国经济失血。失血过多的法国经济,会否因内生动力不足进而延缓复苏时间?会不会又进一步恶化就业状况?法国民众有足够的耐心承受经济的进一步下滑和社会福利的进一步降低吗?这些问题,恐怕靠法国首富、LV 公司掌门人贝尔纳·阿尔诺"撤销比利时国籍申请"的表态,也难以解决。

奥朗德的仕途之路恐怕还要寄托在经济增长上。向富人征税和官员财产公开等举措有其必要性,但更多的只是送给民粹主义者的心理慰藉,并不能解决社会所存在的根本问题。这种"政客的表演"需要经济的真实增长相配套才能相得益彰。高明的政客不应该满足于这样的表演,而应果敢地行动起来,以更智慧的方式、更坚毅的决心解决经济体所存在的根本性问题。

第四章　西班牙总是内部不省心

2013 年 2 月，拉霍伊开始尝试在支持紧缩和支持增长两大阵营中寻找平衡。他说，西班牙一直在财政支出上有规有矩，不过他也表示他可能需要采取更多措施刺激经济增长。

西班牙首相拉霍伊（Mariano Rajoy）在 2014 年 5 月上旬，宣布了一件很重要的事：西班牙经济平衡性问题已经得到纠正。同时，他还表示，该国的就业恶化趋势已经改变，公共债务也将从 2017 年开始下降。6 月初，他又表态说，西班牙银行系统具备偿付能力，借贷正在恢复。几天后，副首相萨恩斯又对外宣布，其经济增长计划已获内阁批准。

这真是一连串的利好。自 2011 年就任首相以来，拉霍伊就一直面临着经济增长与国家分裂的压力，他这个首相干的是相当的不容易。这一次，形势是真的好起来了吗？

加泰罗尼亚的分裂冲动

就在拉霍伊履新还不足一年的 2012 年 10 月下旬，他的财政部长（head of treasury）Inigo Fernandez de Mesa 对媒体说，西国当年的融资需求已完成

95％,准备好开启 2013 年融资计划。尽管部长拒绝就是否寻求欧盟援助发表言论,但他称西班牙融资状况已经得到很大改善,外国投资者是国债的主要买家。他特别提到,17 个自治区的融资问题不久将得到完全解决,中央政府已经从 180 亿欧元的紧急清偿基金中划拨 120 亿欧元用于地区纾困。

部长的这番言论,有着明显的在地方选举季为正在努力摆脱债务危机的西班牙打气的意味。这段时期的西班牙成了欧债危机的风暴眼。全球聚焦的话题是到底要不要救助以及何时救助,西班牙国内则关注的是正在鸣锣开张的地方选举,各个政客都生怕债务危机影响到自己所在政党的选情。就在这选情紧张的当儿,穆迪 10 月 22 日不失时机地下调了其中 5 个地区政府的信用评级,加泰罗尼亚等三个地区被调降 2 级。

穆迪的举措加剧了西班牙的危机,也让欧洲不少国家手心捏了一把汗。在他们看来,西班牙是解开欧债危机的其中一把钥匙,危机需要从一个一个重债国解决起,西班牙即是日程表上较为靠前的一个。法国等国更是希望西班牙尽快寻求援助,以堵住债务危机的持续蔓延,并进而给市场以信心。然而,受制于国内政治局势的西班牙政府却迟迟不开尊口,甚至多次暗示不需要救助,这可急煞了这么多像奥朗德这样的欧洲"热心公民"。

首相拉霍伊所领导的政府,在债务问题上选择了一种自立自强的姿态。他从前任工社党那里继承下来的这个政府,已处于深度的债务危机和经济疲软状态。他既肩负尽最大努力把西班牙拉出危机泥潭的重任,也承担确保人民党继续执政的责任。因为,加泰罗尼亚等地区的分裂,不失时机地敲打着拉霍伊政府。抽掉西班牙国内政局来看债务危机注定是不全面的。

毫无疑问,拉霍伊的紧缩政策当时受到国内很大的考验。他 2011 年 12 月就任首相,即开始响应欧盟的号召,采取增税与削减支出并举的紧缩措施。

他的紧缩政策，一直面临国内的反对声，尤其是 2012 年 9 月下旬为削减财赤而推出新一轮紧缩政策后，民众选择了上街抗议，有数万人聚集马德里国会大楼外广场。拉霍伊陷入推行紧缩与安抚地方的两难困境。

中央与地方的权力划分压力也让他头痛。与债务危机相伴的，是西班牙中央政府控制力的减弱，拉霍伊的前任曾在这方面走出了让渡权力的第一步。在债务危机爆发后，当时的西班牙政府采取的是与地方党派结盟、改组内阁等策略。2010 年年底，为确保在议会的多数席位，执政的工社党与巴斯克民族主义党达成联盟协议，同意从 2011 年起向巴斯克地区下放自治权，包括劳动力市场决策权、海陆空运输管辖权、地区银行和信贷系统管理权、学历认证、旅游和旅行社服务监督权等。拉霍伊要想在中央与地方的博弈中守住更多的权力，就需要率先摆平那些叛逆的省份，当然，一个最可靠的前提是，他所在的人民党赢得地方议会选举的胜利。

好消息是，在加利西亚自治区，人民党赢得多数席位。而在巴斯克选区，赢得胜利的却是巴斯克民族党。不过，最大的考验是加泰罗尼亚自治区，像巴斯克自治区一样，这个选区也有个诉求是独立。加泰罗尼亚的诉求，把西班牙推向国家分裂的险境。加泰罗尼亚是西班牙的一个大区，人口占 16%，GDP 占全国近 20%，出口额则占总出口额的 25%。这个区之前曾向中央"叫板"要求获得更大的财政权和税收权，在诉求未果的情况下分离主义势力抬头，分离主义者甚至都拟好了"国旗"与"独立宣言"。

拉霍伊委婉拒绝欧盟的驰援

尽管欧盟很关心西班牙，2012 年 11 月份，拉霍伊首相仍对外说，西班牙

"不认为有救助的必要"。市场的解读是当时经济的乐观信号给了拉霍伊延缓寻求救助的筹码：当年 8 月经常账户盈余 12.4 亿欧元(7 月的 5 亿欧元为欧元时代首次盈余)，同时 8 月境外证券投资净流入 23.4 亿欧元，为 2011 年 2 月以来首次增长。西班牙中央政府 1 月至 9 月预算赤字占 GDP 比重由 1 月至 8 月的 4.77％降至 4.39％，9 月消费税收入同比大涨 11％。

其实，这短暂的亮点，并不能认为是西班牙当时经济的真实描述。另一部分数据显示，西班牙资本外流仍很严重，2012 年前 8 个月该国资本流出达 2471.72 亿欧元，其中 8 月份资本流出额 117.97 亿欧元。截至 2012 年 8 月份，西班牙已连续 14 个月出现资本流出。同时，来自地方的求援也陆续传达到马德里，拉霍伊拒绝援助的前一周，西班牙北部的坎塔布里亚宣布寻求 1.37 亿欧元的流动性援助，这是第 9 个寻求中央政府援助的自治区。

拉霍伊看起来不以为然，他邀请欧央行行长德拉吉(Mario Draghi)参加西班牙议会会议谈购债话题，来给议员们"洗脑"。他还在当年 10 月 31 日表态说"克服当前危机取决于本国改革"，不过同样"也依赖于欧洲政策"，而寻求欧盟救助的时机则是"必要时"。

从 2011 年 12 月就任首相后，拉霍伊就一直致力于"紧缩"，从本国"挖潜"，压缩预算，削减赤字。然而，缺乏经济增长点的西班牙，"紧缩"的一个后遗症是加剧国内的政治紧张，甚至为分离主义者提供了"弹药"。关键的问题是，拉霍伊认识到，欧盟救助除了缓解危机、稳定西班牙乃至欧洲金融市场，进而为复苏赢得时间外，并不能真正解决西班牙所遇到的发展难题。

从加入欧元区后这段不长的历史看，西班牙可谓"成也热钱，败也热钱"。欧债危机前，大量的热钱涌入吹涨了房地产泡沫，同时受益的还有旅游业。危机爆发热钱逃离，"裸泳"的西班牙经济迅即暴露了真面目，呆坏账也拖累银行业陷入困境。与此同时,西班牙的基础产业也因长期的"逆向选择"而遭受重创。从中西贸易即可见一斑：近些年的数据显示,西班牙对华出口主要是原材料,制成品的对华出口则相对较少。

经济疲软的另一面是债务的急剧增长。西班牙央行当时的数据显示,2012年二季度,西班牙公共债务总额为8040亿欧元,占GDP的比重升至75.9%,创22年来最高。(2014年,这一情况仍未好转,甚至情况更糟。当年6月西班牙公共债务首次超过1万亿欧元,较5月份增长1.03%,较2013年同期增长6.7%,总额达1.03万亿,占GDP之比为98.4%。)IMF则认为,在对银行业进行资产重组后,西班牙公共债务占GDP的比例将高达96.9%。除了公共债务,西班牙银行业积累了大量呆账坏账。西班牙被迫剥离"有毒资产","坏账银行"第一阶段接收450亿欧元有毒资产,2013年达600亿欧元,最高将接收900亿欧元。

然而,这些还只是拉霍伊所担忧的其中一部分,拉霍伊面临着更大的结构性经济困局。在高达25%的失业率背后,是艰巨的养老难题。西班牙是名副其实的老龄社会,4700万人口中有1000万退休人群,养老金支出占到政府总支出的40%和GDP的9%。同时,西班牙还受制于能源短缺,要想在现有的欧元区格局下改变西班牙的窘况,拉霍伊迫切需要的是增强国家的竞争力,创新产业优势。若不能做到这些,仅把希望寄托于房地产业与旅游业的复苏,西班牙能够走出危机吗?

拉霍伊恐怕还来不及考虑这么长远。欧盟制定的6.3%的目标恐怕已难以完成,更糟糕的是,巴塞罗那的西班牙人已决定不再容忍,以罢工的名义开始了街头政治。

在"紧缩"与"刺激"之间摇摆

尽管短期内加泰罗尼亚的独立尚属理想,该区的过激反应仍给执政的人民党敲响了警钟。如何化解来自地方的分裂倾向,已经考验着拉霍伊政府。武力控制的手段可能暂时奏效,但局势稳定后的解困之策仍要求助于经济。财政紧张的拉霍伊政府,当前需要面对的是 17 头嗷嗷待哺的恶狼。尽管他的财政部官员承诺拿出 120 亿欧元给地方解围,但这杯水洒完之后呢(仅加泰罗尼亚就有 420 亿欧元公共债务)?

这些可是现实的考验。上任一年多,拉霍伊坚定不移地支持着欧盟的紧缩政策,而经济数据仍很不好看,2013 年 2 月,拉霍伊开始尝试在支持紧缩和支持增长两大阵营中寻找平衡。他说,西班牙一直在财政支出上有规有矩,不过他也表示他可能需要采取更多措施刺激经济增长。

随后,西班牙公布了"权衡紧缩政策和经济增长"之后的一揽子改革方案,内容包括公共养老金制度改革方案、失业津贴制度和临时增税政策等。到 2013 年下半年,西班牙经济数据看起来有了很大好转,12 月份的制造业出现增长,Markit 采购经理人指数(PMI)上升了 2.2 个点至 50.8,位于荣枯分水岭 50 上方。西班牙汽车暨卡车制造商同业公会(Anfac)也表示,2013 年的汽车销售较上一年增长了 3.3%。西班牙 10 年期国债收益率自 2012 年 5 月以来第一次降至 4% 以下。

可能是受这些数据的鼓舞,这时,西班牙宣布了新的决定:退出总额数十亿美元的援助计划。很快,市场人士发出了担忧声,开始有分析师认为西班牙的紧缩措施会在 2014 年继续拖累经济增长,还有分析师认为西班牙的财政整顿还有很长的一段路要走,2014年经济增长会很艰难。欧盟的 Rehn 甚至认为:西班牙危机需要 10 年的时间修复,失业率需要 10 年时间才能达到危机前的水平,救助计划已经发挥作用,但挑战依然存在。

退出救助后,西班牙开始了刺激年。2014 年的经济数据明显好转,4 月下旬,三大评级机构都上调了西班牙的评级:惠誉把西班牙主权评级从 BBB上调至 BBB+,展望为稳定;穆迪给西班牙的评级为 Baa2,展望为正面;标普给西班牙的评级为 BBB-,展望为稳定。5 月初,西班牙 10 年期国债收益率跌至 3% 之下,为 2005 年以来第一次。

新的救助计划如期而至。6 月初,拉霍伊宣布了一项新的名为"增长、竞争力和效率"的刺激计划来提升竞争力和增加就业,总投入资金 110 亿欧元(其中 63 亿来自于直接投资——26.7 亿来自于私营部门,36.3 亿由公共部门承担。其余的 40 多亿欧元将动用中小企业融资担保金等资金),共涉及 40 项不同种类的措施,比如西班牙将限制信用卡的发放量以刺激消费等。副首相萨恩斯解释说,该项计划并非是为了完成国家赤字目标而实行,因为它不会影响国家的额外开支,其目的在于推动资源优化。

尽管力度很大,仍免不了批评声。反对党社会工人党表示,政府的这些措施为时已晚,而且远远不够;巴斯克民族主义党则认为是在"放烟幕弹",想要粉饰太平;总工会认为,这次措施大部分不能满足当前的需要,并不是一个"全面协调并且有力"的战略。同时,高失业率和通缩风险仍缠绕着西班牙:失业率仍高达 26%,25 岁以下的青年人中失业率高达 50%;2014 年以来,通胀率持续徘徊在低位,远低于欧洲央行设定的 2% 的目标。

加泰罗尼亚的独立声音,也没有平息迹象。尽管西班牙议会在 4 月份以压倒性优势投票否决了加泰罗尼亚自治区议会提出的有关独立公投的法案,但独立的声音仍不乏支持者。2014年世界杯期间（6月8日），在西班牙巴塞罗那,民众搭成人塔支持加泰罗尼亚独立投票举行,并且这一活动同时在欧洲8个国家的首都举行。加泰罗尼亚地区长官同时表示,欧盟和欧元区将不得不承认独立授权。对此,拉霍伊则一直表示,存在与加泰罗尼亚的对话空间。问题是,对话真能解决这些问题吗?

第五章　意"短命总理"蒙蒂卖宫殿

　　蒙蒂遇到的是信心危机，投资者严重缺乏这"比黄金更重要"的信心。蒙蒂的逻辑或许是，需要外部帮忙则意味着危机的更进一步深化，意大利已基本丧失独自解决危机的能力，这或许会带来更大的市场风险。

　　"如果你想拥有一座宫殿，最近有个天赐良机：不用军舰，也不用革命，只用 money 即可办到。这不是玩笑，意大利总理马里奥·蒙蒂（Mario Monti）手头有一堆房源：13 世纪中期的奥尔西尼古堡、18 世纪的威尼斯迪耶多宫以及米兰时尚区的博利斯瓜尔多宫等 17 处房产，都有机会入手。蒙蒂手上有价值 420 亿欧元的不动产可卖。他就想要钱，而且是现金。"

　　这是 2012 年 8 月下旬，笔者在一篇专栏文章中的开头语。这时的蒙蒂，还没有成为前总理。没有成为前总理的他，正在为意大利的巨额财政赤字而发愁。他是学院派经济学家，也曾担任欧盟委员会前委员，被誉为"超级马里奥"，实战经验丰富，但运气却远不如他那风流成性的前任。他更不是败家子，但他要还债，他想到了变卖家产。

蒙蒂说他一欧元都没有要

自 2011 年贝卢斯科尼(Silvio Berlusconi)终于下台后,技术派官僚蒙蒂被委派为看守总理。从技术角度看,蒙蒂有着显赫的出身。生于意大利瓦雷泽市的他,头衔很多,常见的就有经济学家和教授,既是参议院终身议员,也是大学校长。他从政,被看重的就是其经济学背景。他也很自信自己的经济学功底,当欧洲一些政客谈到意大利需不需要援助时,蒙蒂的态度很明确:一欧元都不要。当然,他的继任者也有着类似的"嘴硬"特长,2014 年 7 月中旬,意大利现任总理马泰奥·伦齐被问及会不会接受国际救援计划时,同样斩钉截铁地一句话:永远不会。其实,他说这句话的时候,他的国家的工业生产按月下跌 1.2%,是 2012 年 11 月以来的最大跌幅。

我们先将伦齐的表态按下不表,接着看蒙蒂。他卖宫殿的想法看起来落实得不好,市场对他能不能卖掉毫无信心。最接近蒙蒂这番话的例证是,意大利二季度商业地产几近崩盘,交易骤减超过 90%,全国仅 2 处楼盘交易,远低于一季度的 56 处。而他领衔的政府,已欠下约 2 万亿欧元的公共债务。不幸的事还接踵而至:外国投资者在逃跑,2011 年 6 月份 50% 的公共债务是外国人买的,2012 年 4 月份已经减少到 36.5%,连在欧洲长袖善舞的高盛,二季度也一举削减了 92% 的国债持仓量;GDP 也在下降,二季度 GDP 与 2011 年同期相比缩减了 2.5%,是 2009 年以来最大跌幅。

蒙蒂遇到的是信心危机,投资者严重缺乏这"比黄金更重要"的信心。他的前任经历了经济超低速增长和债务急剧攀升,2000—2010 年年均经济增长率只有 0.6%,同一时期债务却是翻倍增长。有解读认为,这是加入欧元区后意大利作了太多贡献所带来的恶果,理由是加入欧元区后债务数据有了突飞猛进的增长(1997—1999 年每月债务只有 20 亿欧元左右,2000 年后则增至 38 亿美元,债务危机爆发后更是增至每个月 64 亿美元)。

笔者倒不太认同这一解读。某种程度上说,作为欧元区第三大经济体的意大利,确实为欧元区作出了相应的贡献,但把债务危机单纯归结于此,则有失偏颇。意大利债务危机之因早在加入欧元区之前已埋下,只是加入欧元区更催化了危机的爆发。这首先表现为制造业尤其是出口制造业的萎缩,由于劳动力成本过高、税收和劳务政策缺乏竞争力、研发投入低等因素,制造业受到极度制约,1995—2007 年,出口制造业每小时附加值仅提高了 6.6%,德法两国则分别高达 45% 和 51%。加上老龄化、社会发展不平衡等原因,其公共支出接近 GDP 的 50%,与之相对应的即是公共债务的增长。

蒙蒂开出的药方是紧缩。站在欧元区的角度看,紧缩符合政治正确,也符合德、法等援助国的期望,但对货币政策明显存在短板的欧元区成员国意大利而言,节支增税等财政紧缩办法,对经济的损伤也不容小觑。2012 年 6 月份意大利失业人数达 279.2 万,失业率高达 10.8%,经济下滑导致了失业,失业又进而加剧经济下滑。尽管减速是调整经济结构的绝佳时机,但经济的停滞甚至负增长的风险会让市场更担忧。蒙蒂在专注紧缩的同时,迫切需要找到促使经济增长的办法,需要尽快给市场以信心。

因为意大利经济状况的好坏,更关涉欧元区的政治正确。意大利面临的是欧元区脆弱的外部环境,希腊、西班牙等国的债务风险进一步蔓延,挤压着意大利的恢复空间。各方风险的叠加和恶化,又进一步增加市场对欧元区二次衰退的担忧。意大利一旦长久深陷重度衰退而难以走出,欧元区则很难独善其身躲过这一劫数。而欧元区的衰退又进而会降低意大利债务危机解决的概率。这正是蒙蒂需要尽快找到意大利经济增长的办法并还市场以信心的外部风险。

那么,蒙蒂需要帮忙吗?他认为谋求欧洲稳定机制(ESM)购买主权债压低借贷成本是"不成熟"的办法,他只需要德国道义上的支持,并不需要经济上的援助。蒙蒂的逻辑或许是,需要外部帮忙则意味着危机的更进一步深化,意大利已基本丧失独自解决危机的能力,这或许会带来更大的市场风险。他斩钉截铁地说,多数德国人认为意大利已接受了金融救助,然而事实是,意大利连一欧元都没有要。要挺过这段重症监护期,意大利真的一欧元都可以不要吗?

蒙蒂更无能力凝聚政治共识

意大利是可以一欧元都不要,蒙蒂也没能摆脱在意大利政坛上昙花一现的命运。重病需要长期疗治,而意大利政坛已接受不了长期疗治的现实,他们要的是强心针和快速救心丸。经济出身的蒙蒂,很快就败在没能解决好经济问题上。卖宫殿4个月后,他正式宣布将辞职,等待选举新的总理接任。

随后的选举可以看出蒙蒂的尴尬。2013年2月底的参议院选举,蒙蒂的劣势就已很明显。参选的既有78岁高龄、曾三次担任总理的绯闻缠身的"政治小丑"贝卢斯科尼领导的中右翼联盟,也有真正的丑角格里洛(Beppe Grillo)领导的五星运动。并且结果也足以让市场吃惊——贝卢斯科尼的中右翼联盟以29.18%的得票率位居次席,仅较得票率达29.54%的中左翼联盟少11万张,格里洛的五星运动则以25.55%的得票率位居第三,即将卸任的看守总理蒙蒂领导的中间派联盟得票率仅10.56%。意大利人可真不缺政治幽默。

这一结果恰是之前市场所担心的,也是笔者曾担心的"欧元区复苏的拦路虎"。选举后的意大利，仍处于政治僵局，没有一个政党拥有绝对多数的优势。受此消息影响，国际评级机构惠誉第一时间表态说，意大利主权评级近期被再度下调的可能性大幅升高，原因是意大利大选后"所陷入的政治动荡"，使本已脆弱的主权信用评级进一步承压。欧元兑美元也下挫至 1.31 下方。

市场担心不无道理。几大党派相继发表"不合作"言论：中左翼联盟的贝尔萨尼（Pier Luigi Bersani）明确表示，不会和老贝合作组建联合政府，"相关设想并不存在，永远也不会存在"；格里洛则称，如果中左翼联盟上台，不会给予任何支持，也不会对贝尔萨尼政府投信任票，贝尔萨尼"应当辞职"。

上述言论让看守总理蒙蒂的执政路阴影重重。蒙蒂上台后，给意大利开的药方就是符合欧元区政治正确的"紧缩"，他试图站在欧元区的大局角度解决意大利的问题。然而形势比人强，他所张罗的中间派联盟仅得票 10.56%，既不能襄助与他持相近经济立场的贝尔萨尼，更无法与倾向于反对紧缩的贝卢斯科尼和格里洛博弈。尤其是喜剧演员格里洛的观点更让他担忧。格里洛甚至在 3 月 2 日表达了"退出欧元区重拾里拉"的可能。格里洛认为，压垮意大利的会是国债，而不是欧元，如果意大利国债利息总额达到每年 1000 亿欧元（1304 亿美元），意大利将不复存在；如果不对相关条件进行调整，意大利就考虑退出欧元区并重新使用里拉。

笔者看到格里洛的这番言论，更加坚定了他曾是喜剧演员的身份认同。尽管意大利退出欧元区重拾里拉并不意味着世界末日，但退出的后果却不是意大利选民所能承受的，即使是支持格里洛的选民。深陷衰退的意大利至今仍在苦苦挣扎，但可以肯定的是，离开了欧元区，意大利经济会更为艰难——意大利需要解决经济增长问题，而目前的现实是，这一问题的解决仍遥遥无期。

而特殊时期上台的学院派代表蒙蒂，给了意大利一个相对科学和靠谱的发展方向,但这一方向却给了政敌可乘之机,又难以让患得患失的选民满意。紧缩意味着民众的生活水平下降,这是危机中的意大利所必须承受的,可惜过惯了好日子的选民却不肯屈就。这从 2/3 意大利人拒绝财政紧缩计划以及为阻止经济萧条零增长提出的改革方案即可看出。他们不合时宜地回想起老贝当政时的日子(尽管当时也争吵不断),也开始幻想起戏剧里的美好场景(不知这是否促使了喜剧演员格里洛的崛起)。

他们唯独没有意识到,意大利已无回头路。退出欧元区不应该是个选项,不管是哪一派执政,意大利都需要在欧元区的框架内加紧改革,尽快符合欧元区的救助前提。换句话说,尽管各派别意见相左,但给他们的空间也很有限。意大利的经济状况依旧不妙,各派的争吵只会浪费时间,格里洛们需要抓紧。

格里洛们需要意识到,意大利的未来首先维系于自身的发展,其次离不开欧元区这个大的生存环境。意大利需要欧元区注入流动性解决当下困境,欧元区的强劲更有助于意大利的未来。意大利离不开欧元,更难以避免财政主权部分让渡的难堪。格里洛们需要凝聚共识,需要找到改革自身发展困境的共识。可惜,这些,蒙蒂已无力做到。

88 岁老总统还要再干 7 年

这才是"老人政治"。2013 年 4 月 20 日,当时年 88 岁的老总统纳波利塔诺(Giorgio Napolitano)确认连任的消息传出,相信人们对这一概念又多了一层理解。

不管他愿意不愿意,事实是在他之前两个候选人又被干掉:先是据说中左翼联盟领导人、民主党党首贝尔萨尼与中右翼自由人民党领导人贝卢斯科尼达成妥协，联手推出的 80 岁老翁——中左翼政治家、前参议院议长马里尼（Franco Marini）被否掉，接着民主党第二次提名的候选人前总理普罗迪（Romano Prodi）又未能获得需要票数。普罗迪失利后，贝尔萨尼被迫宣布辞去民主党党首一职。

已经干了 7 年的纳波利塔诺连任，开创了意大利历史。1925 年出生、本该退休的他在议会 1007 个议席中以 738 票当选。他的当选像是计划外举动，也许并没多少人真的希望他再干上 7 年。当然，这位左翼民主党的大人物，温和也是他当选的一个重要原因。毕竟这对国家而言是政治赌博，就纳波利塔诺来说也太过残酷。尽管这是个荣誉性的职位，并无真正的实权，礼节性的意味更浓，但此时他的连任，则被赋予着另一层意义，希望他能把没来得及收拾好的政治烂摊子给拾掇妥帖。

摆脱了形式上的看守总统，舆论普遍认为他仍将致力于推动联合政府的组建。在过去的时间里，他曾就这一任务作过努力，但收效甚微。就在 3 月份他还在授权贝尔萨尼组阁，但坚称不与中右翼联盟组建联合政府的贝尔萨尼进展乏力——贝氏想拉"小丑"格里洛领导的"五星运动"一起玩而被拒绝，技术官僚蒙蒂总理的中间派又实力有限。

如今，他多了些达成联合政府的筹码：强硬的贝尔萨尼宣布辞职，中左翼联盟内部纷争势必加剧（其实分歧早已存在，干掉马里尼的就有部分左派议员和格里洛），与"老顽童"贝卢斯科尼达成妥协的系数增大。舆论认为这朝着对贝卢斯科尼更有利的方向发展，并称意大利政治僵局已出现和解信号。

倘若说纳波利塔诺的连任释放的是各方期望和解的信号，倒不如说这更凸显出各方背后的分歧严重——既然大家都推不出符合各方共识的代理人，维持现状也是无奈中的最不坏选择。这件事的积极意义在于在未来一段时期可以暂时把总统选举一事搁置下来,各方可商讨着组阁来解决更紧迫的经济问题,风险则在于只是把迫在眉睫的总统选举延后,一旦出现新的情况又会纷争不休。纳波利塔诺本身就是最大的风险变数,即使他有意愿为国家再干7年。

可以肯定的是,意大利的政党乱局仍将持续。没有贝尔萨尼的中左翼联盟能否遏制住现在的分裂态势,可是个大难题;中右翼自由人民党的贝卢斯科尼曾领导政府多年,意大利经济上的糟糕,很难让国人忘记贝氏曾经的"贡献";而满腹经纶的学者、看守总理蒙蒂又缺乏足够的支持完成施政,他领导的中间派联盟至今仍缺乏足够的影响力。各方需要妥协,而纳波利塔诺是那个有能力促使各方妥协的人吗?

换个角度思考,他是那个让意大利走出政党政治怪圈的人吗?从之前的政治僵局观察,左右各派别的不合作精神非常突出,即使是"小丑"格里洛的"五星运动"都不肯与中左翼联盟合作,更遑论与中右翼合作了。经济的下滑更是让"五星运动"多了支持者。解决问题的根本还是减少反体制者的数量,解决经济问题,但当前的政治僵局却成为经济问题解决的阻碍。

然而,根据现有的政治框架,任何一方都无力单独解决政治僵局。如果僵局不打破,意大利政治的纷争就将继续下去。在这种状况下,联合政府是各方最无奈的选择,也是最优的选择。遗憾的是,出现分裂的贝尔萨尼的中左翼联盟已失去了掌握这一格局的主动权。

蒙蒂之后又来了两位总理

中间派,在关键时候,往往没有市场。蒙蒂所在的中间派联盟终于因支持者寡而败下阵来，蒙蒂也成为意大利政坛上昙花一现的总理，很快被替代掉。2013 年 4 月 22 日宣布连任的总统纳波利塔诺，两天后的 4 月 24 日即任命中左翼民主党副党首、曾任意大利欧洲事务部部长的恩里克·莱塔为新一届政府总理。莱塔的任命，是中左翼联盟领导人贝尔萨尼无法组阁的一个结果。在纳波利塔诺的护航下，莱塔迅速完成与各派的磋商，于 4 月 28 日正式宣誓就任总理。

就任后的莱塔，首要解决的仍是蒙蒂所遇到的难题。他在众议院信任投票时表态说，新政府首要的优先任务，就包括重振经济、努力避免财政紧缩、降低各类税收、增加就业等。他还多次强调，新政府要做三件大事：政治改革，提升政府行政效率；经济改革，刺激本国经济尽快复苏，解决失业问题；同欧盟国家一道推动欧洲一体化进程，共同为解决欧债危机作出努力。他还立下军令状说，如果之后 18 个月内新政府的改革计划不获成功，他将辞职。

莱塔很不幸。他没能干满 18 个月，确切说他只干了 9 个多月。1966 年出生的他，被他的党内同志、1975 年出生的新任民主党党首伦齐逼出局。从 2013 年 12 月开始，他的这位党内同志，就在各种不同场合对莱塔政府的政策提出批评，多次指责莱塔政府改革拖沓，决策缓慢，缺乏勇气应对意大利所面临的关键问题。尽管莱塔一再说不会主动辞职，但还是没能顶住压力而出局。在 2 月 13 日逼迫莱塔辞职的会议上，伦齐说"意大利不能处于不确定性及不稳的状态，我们正走在十字路口"。莱塔没能实现他的政府的改革计划。

伦齐，这位法律系毕业生，与莱塔相比则更为激进。他的执政理念比较开放，经济上倾向美国式的市场经济制度。他在就任时即表示，他的政府的首要任务是解决就业问题。美联社也分析说，伦齐眼下面临的首要挑战是组成"有活力、和谐的"政治联盟，以振兴经济、创造就业，同时推动选举改革，让政治更具效率。欣赏伦齐的人欣赏他的激进与闯劲儿，而不看好他的人则对他的华而不实多有微词。而伦齐的回应则是,治理国家需要更多的冒险精神:"投身政治的人,有时候就应有冒险的精神。如果我没有在生命中某些节点冒险的话,那我现在还待在佛罗伦萨省省长的位子上。"

稳步推进还是激进改革,意大利面临的困境都摆在那里,都是需要逾越的难关。这对执政才几个月的伦齐而言,更是前所未有的考验。伦齐需要解决蒙蒂和莱塔所面临的经济困境,欧盟也需要意大利走出实质性的改革,德国财长朔伊布勒就批评说意大利总理伦齐必须执行所宣布的改革。同时,意大利经济继续面临困境,财长帕多安7月17日表示意大利经济增长依旧疲软,经济前景不明,由于经济的萎缩,意大利央行7月18日宣布削减2014年经济增速的预期,并且警告称该国经济前景面临严重不确定性。

这些问题不容易解决。对此,站在台下的蒙蒂,在2014年5月的一次演讲中对意大利政坛的变化作了总结性的剖析:要找到长远的解决办法,政府不但必须承认自身责任的互相依赖性、关联性,还必须抵制危及子孙后代利益的短视专制——后者恰恰是我们民主体制最大的弊病。所有取得长期收益的改革都必须付出短期的政治代价。所有伟大的改革都需要时间才能成熟。首先必须对社会有全面的了解,才可能进行成功的改革。这个过程需要时间和反复的解释。要获得人民的首肯是一件困难的事,甚至可能使领导人支持率下跌,但这不应成为领导人退却的借口。

领导人的坚守,也未必能将改革进行到底。蒙蒂自己已是前车之鉴,莱塔已被出局,这之后的伦齐呢?

第六章　大不列颠帝国的黄昏

　　英国已错过了转型为全球英国的机会。欧洲正在从政治的一体化向经济的一体化全面转型，像之前英国只加入政治联盟而经济单干的空间已非常狭窄，渐次主导欧洲经济乃至政治的德、法国等核心国，越来越不能容忍一个既想占尽欧盟便利又随意杯葛欧盟预算等主要政策方针的英国的存在。

　　退出？要，还是不要？这是个问题。至少在未来的三年时间里，英国人要继续为这个问题纠结。围绕这个问题掀起一轮又一轮的争论。起因是英国首相大卫·卡梅伦承诺，如果他获得连任，将于 2017 年年底就是否退出欧盟举行全民公投。而卡梅伦对欧盟的不信任情绪也在累积，比如 2014 年 7 月份，卡梅伦反对的卢森堡前首相、欧元集团前主席让-克洛德·容克获得新一届欧盟委员会主席的提名并正式就任，这就让他伤透了心。

　　作为欧盟的成员之一，英国总显得有些别扭——既孤悬在欧洲大陆边缘的海岛上，又坚持使用着古老的英镑而不肯加入欧元区，还想着享受欧洲一体化的好处。近几年，对要不要退出欧盟的争论多了起来，想退出的声音也比以往更强烈，卡梅伦的承诺就相应地顺应了部分民意。不过，欧洲的小伙伴们对英国退出好像并不感冒，德国财长朔伊布勒就警告说，英国退出欧盟将成为整个欧洲的灾难，他言辞恳切地说，"无论从历史、政治、民主、文化层面,英国对欧洲来说是完全不可或缺的"。

是不是退出,或许最终将取决于英国与它的欧洲小伙伴们拥有多少共识。但就英国而言,退出的声音却不是空穴来风,这既是一种群体认识,也折射着英国经济与社会发展,还关乎欧洲之外的国际局势。英国也在不断地因应这些局势变化,比如从经济角度,近些年明显加大了伦敦金融中心的改革力度,建人民币离岸中心,吸引穆斯林资金,动作一个接着一个。除了欧洲之外,英国开始在世界多方下注。

英国与欧盟"相互猜忌"

从两年前的一个例子说起。当地时间 2012 年 11 月 22 日到 23 日,7 年一度的欧盟"预算峰会"在布鲁塞尔召开,议题包含商讨欧盟 2014—2020 年的财政预算方案。然而,不出会前预料,这次会议开得异常艰难,媒体报道会议结果时,异口同声地用了"不欢而散"这个词汇。

方案未能达成一致,只好在 2013 年年初的下一次峰会上继续争吵。回顾这次峰会,中期预算的分歧主要体现在"富国"与"穷国"之间。英、法、荷、德等国坚持削减预算,葡萄牙、西班牙、希腊等国则希望保持或新增预算。这次会议上,英国是名副其实的"坏小孩"。英国首相卡梅伦甚至威胁说,如果不削减预算规模,并给英国每年返还 35 亿欧元,便动用否决权。

尽管在会后,卡梅伦安慰欧盟说,协议没有朝着不可接受的方向发展,就是进步了,但仍不能平息坊间对英国与欧盟关系的猜测,英国将退出欧盟的声音又一次引起欧洲乃至世界舆论热议。当年英国自己的一项民意调查也显示,56%的英国人希望脱离欧盟。

英国《金融时报》随后刊发吉迪恩·拉赫曼的文章称，"英国最终离开欧盟的可能性正在不可避免地升高"。笔者倒觉得，拉赫曼这篇站在英国角度分析退出对欧盟的损失的文章，还是太客气了。退不退出欧盟，主动权在英国，但留给英国的时间也不多了，英国迫切需要在加入欧元区或退出欧盟这两个选项之间作出一个选择。

与其他认同削减预算的"富国"相比，英国太特殊了。英国与欧盟之间存在着特殊的结构性矛盾，而这一矛盾的缓和空间越来越小。一个基本事实是，英国是欧盟的成员国，却不是欧元区的成员国。在德、法等主要国家逐步寻求欧盟政治与经济一体化的当下，英国的存在就像个意外，回归常规符合各方的利益。

欧债危机的治理，已显现出这种交叉并存的二元治理结构的弊端来。比如在经济上谋求主导权的德、法等国，必然需要欧盟在政治层面对债务危机的治理以及银行业监管等经济议题的支持，但这些举措未必符合政治大国英国的利益，矛盾就不可避免地显现。从金融交易税上的争议即可见端倪。

没人有耐心让这种分歧长期下去。英国的不少民意支持离开欧盟单干，但卡梅伦和他的国家能有充分的理由下这个决心吗？1973年才被获准加入欧共体的英国，与欧盟的关系经历了不少磕磕绊绊。英国需要欧盟的庞大市场为其农业、工业和服务业提供保障，却又担忧在加入欧元区后失去经济的自主权。现实是，离开欧盟的英国，不仅其在欧洲的市场会不出意料地萎缩，国家定位也需要重新作出大的调整，问题是，英国目前还有机会从欧洲的英国转型为全球的英国吗？

从长远的角度看，超过五成的英国人判断错了形势，他们的国家已失去了离开欧洲单干的时机。换个角度看，笔者倒是认可拉赫曼对欧洲不能失去英国的部分判断：欧洲"和平计划"如果不能纳入英国，就如同拼图游戏缺少中间的一块。欧盟乃至欧元区,都是欧洲一体化的具体实践形式。"欧洲一体化"的创想的提出,避免欧洲战争只是一个外化的理由,实现欧洲的共同繁荣才是更基本的内核。缺少了政治大国英国的欧盟,能称得上是具有全球影响力的重要一极吗?

欧盟不肯冒这个风险,相信英国也不会。目前各国不断的争吵与相互责难,裹挟着太多的私心与误判。英国想最小成本地搭欧洲经济一体化的便车,德、法等国又不愿为债务危机救助承担过多与其付出不匹配的责任,但这些不应该是主流。欧盟需要削减预算,债务国需要紧缩开支,卡梅伦在平息国内民意的同时,或许更应该考虑考虑如何实现英镑与欧元的联姻了。

美国也警告英国不要分手

英国的分离情绪,很快引起大洋另一边的美国的注意,美国的态度是"劝和"。新加坡《联合早报》2013年1月11日报道说,出于对英国可能将举行公民投票决定是否继续留在欧盟的担忧,美国负责欧洲与欧亚事务的助理国务卿戈登在卡梅伦即将就欧洲事务发表重要演说的前几天在伦敦召开记者会,表示希望英国留在欧盟。他说,美国与欧盟的关系日渐密切,美国希望欧盟内能有英国响亮的声音,英国的声音对美国来说"更为必要和关键"。

这是奥巴马政府资深官员首次对此发表正式讲话,尽管美国官员多次私下发表类似警告。美国的态度似乎超出执政党保守党内的反欧盟人士的预料。他们认为,英国应该检讨在欧盟扮演的角色或者举行全民公投决定去留。理由是,若脱离欧盟这个最大贸易伙伴,可以通过与美国建立更紧密关系来补偿损失。

　　先放下美国的建议不表，我们来看看英国是否有第二条道路。如上一小节所谈，英国迫切需要在加入欧元区或退出欧盟这两个选项之间作出一个选择，这个选择是，卡梅伦"或许更应该考虑考虑如何实现英镑与欧元的联姻了"。2012年12月中旬，英国前首相托尼·布莱尔的办公室主任乔纳森·鲍威尔也发表类似观点称，英国已很难有"迫使其他欧洲国家接受与英国形成更加松散的新型关系"的可能，"唯一切实的选择就是，要么全面加入欧盟，要么彻底退出。想象中的第三条道路是不存在的"。

　　笔者认同乔纳森·鲍威尔的部分看法。笔者以为，除了改变过去的三心二意的做法、真心与欧盟各国结合外，英国已没有更好的选项。当然，这一结合不应该是美国所希望的那种，在欧盟内部能有支持美国的"响亮的声音"。在过去的很长一段时间里，欧洲的英国与北美洲的亲戚美国的关系比与欧洲的邻国伙伴更亲近。

　　美国官员近期的警告含义丰富。对这些表态的第一层解读是，美国近期正在谋求与欧洲的自由贸易谈判，美国需要欧盟内部有人能替其说话。这一表态对英国而言则是个危险的信号，倘若像过往一样，英国继续以"美洲的英国"姿态出现在欧洲的政治经济格局中，则很难搞好与德、法等欧洲伙伴之间的关系，也很难向渴望参与主导甚至主导欧洲的英国选民交代。没有欧洲国家能接受"身在曹营心在汉"的英国。

　　更进一步分析，美国拉拢欧洲的最佳说辞是，当货币政策与财政政策使用完毕后促进经济加快增长的最有效方式就剩下贸易，签订自贸协定既可以让双方摆脱增长乏力的政治困境，又可以与欧洲一起"重返亚洲"，进而遏制中国。这正是"奥巴马政府积极向西方宣扬《跨太平洋战略经济伙伴关系协定》(TPP)，并在东方提出美欧签订贸易协定的前景"（普林斯顿大学教授安—玛丽·斯劳特语）。然而，这些更多的只是政治家的虚幻的政治设想，欧盟是中国最大的贸易伙伴,美国是第二大,且中欧、中美之间都存在很大的互补性,欧美一纸自贸协定很难改变贸易现状。关键的是,欧洲的整体崛起与强大似乎并不符合美国的利益,这从谁在多次狙击欧元即可看得清晰。

在这样的背景下,英国很难再在欧美之间游移。那么,英国是否应该不听从美国官员的警告,而毅然决然地退出欧盟呢?笔者之前曾分析过,英国已错过了转型为全球英国的机会。欧洲正在从政治的一体化向经济的一体化全面转型,像之前英国只加入政治联盟而经济单干的空间已非常狭窄,渐次主导欧洲经济乃至政治的德国、法国等核心国,越来越不能容忍一个既想占尽欧盟便利又随意杯葛欧盟预算等主要政策方针的英国的存在。美国希望英国留在欧盟继续充当楔子,而这不符合欧盟的利益,甚至也不符合英国的利益。英国应该做的是听从美国官员的建议留在欧盟,并与美国作出实质性的切割。

欧洲核心国德国也向英国伸出友好之手。德国外长韦斯特维勒在美国之后对媒体表示,德国希望英国"作为一个有建设性和主动性的伙伴留在欧盟"。韦斯特维勒说,未来欧盟所有层面上都有融合问题,但德国希望有一个关系更紧密的欧盟,由 27 个国家组成,包括英国在内。该怎么做?看来卡梅伦还在纠结。

失色的英镑还能硬挺多久

尽管卡梅伦没有进一步推进"英镑与欧元的联姻",但他倒是从另一个角度有所作为:他所领导的英国政府作了一个重大决定,在他的财相乔治·奥斯本(George Osborne)锲而不舍地邀请下,加拿大人马克·卡尼(Mark Carney)同意接替默文·金爵士(Sir Mervyn King),出任英国央行行长。由一位外国人出任央行行长，是英国央行(BoE)318 年历史上的首次。

尽管《金融时报》副主编兼首席经济评论员马丁·沃尔夫自嘲说马克·卡尼也是"大英女王的子民"，并且他还有位英国太太，但仍难掩英国这一冒险举措背后的赌博意味。英国期望这位过去成绩斐然的加拿大人能够担当起职能扩大后的英国央行的重担(按照新体制，英国央行将集货币政策、金融政策和银行业监管三项职责于一身)，以便进一步加强银行监管，促进金融稳定(普遍认为他的就任将有利于新的监管部门——审慎监管局的建立)。

过高的期望折射的恰恰是糟糕的经济现实。尽管实施了宽松的货币政策，英国经济仍停滞不前，且找不到新的增长点。同时，英国银行业也面临困境，据英国央行最新发布的金融稳定报告暗示，英国银行业整体上存在 200 亿至 500 亿英镑的资本金缺口。马克·卡尼将要领衔的英国央行，除了要避免经济停滞与通货膨胀，还要监管好金融业，防范风险的发生，这最起码的要求是加拿大人能够在英国各经济职能机构之间长袖善舞、游刃有余。

然而，即使卡尼做到这些"难以完成"的要求，从更长远些的视角来看还远远不够——英国人在完善自身的经济职能部门的同时，是需要些更宏观的思路了。换句话说，英国人应该站在国际视野来观照现有经济体系了。进一步说，关于国际视野，正如笔者前文所说，英国应当回归"欧洲的英国"的立场，为英国找到一个准确的定位。回到货币体系，则应当回归到"国际化"(欧元体系)而不是"国家化"(英镑体系)。

现实的欧洲需要"英镑的回归"。英镑曾是"日不落帝国"的标志，也是当时世界的主要货币，二战后还承担着国际贸易 40% 的结算功能，伦敦是当仁不让的金融中心。后来的结果是，英镑让位于美元，伦敦让位于纽约。当美元一统天下时，欧洲各国货币成为附庸，直到残缺的欧元问世。某种程度上说，欧元是对美元独霸世界的软抵抗。然而，由于缺乏重量级英镑的加入，再加上政治的分治,欧元仍是一个不对等的对手,至今仍深临窘况。

同时,回归欧元对英国也应是利多弊少。欧盟是英国的主要进出口市场,尽管这几年英国对非欧盟国家出口因受欧盟整体衰退影响而时常会超过欧盟区域,但这并不意味着欧盟之外的国家或地区可以取代欧盟。回归欧元,将极大降低英国与欧盟其他国家之间的交易成本,欧元区整体实力的上升也有利于英国国家实力的上升,更为伦敦重回世界主要金融中心提供了可能。

从倡建欧洲经济货币同盟以来的短短 20 年历史看,加入欧元区英国是有顾虑的。英国最大的担忧是舍弃英镑后进而成为大欧洲发展历史上的垫脚石,从而遮掩了大英帝国的光辉。英镑最初的选择是与欧洲货币体系挂钩(设定 1 英镑兑换 2.95 德国马克),在遭遇索罗斯攻击的黑色星期三后,英国选择了退出,以至于欧元诞生后,英镑仍选择了游离在外。然而,事实却是,游离在外的英镑逐渐成为国际货币体系的配角,已无法再恢复往日的荣光。

在英镑沉沦、英国经济深陷困境时,加拿大人来了。很显然,这位前高盛银行家、金融稳定委员会(FSB)主席,被寄予的厚望是加强银行监管稳定英国金融体系,而不是终结英镑。不过,现实却是,英镑贬值成为危机以来的常态。尽管不少专家盛赞贬值对英国经济作出了重大贡献,但从英国经济目前及今后的艰难走势看,是该在失色的英镑与危机的欧元之间作个决断了。

人民币:英镑的又一种选择

很快,英镑作出了决策:做强自我,与欧元 PK。英国开始加大力气打造伦敦的金融中心地位,其中就包括建立人民币离岸中心,并且打造西方的伊斯兰金融中心。在伊斯兰世界以外首次遵循伊斯兰教义发行债券,英国的这一全球"史无前例"的举动再次证明,该国政府已经把未来金融城的发展重点放在了以中国为中心的亚洲市场和吸引伊斯兰国家财富资源上。继伦敦人民币离岸中心建立后,英国政府 2014 年 6 月份宣布,将在未来几周发行总额 2 亿英镑的 5 年期伊斯兰债券。

当地时间 2013 年 2 月 22 日,英国央行英格兰银行发表声明称,将与中国人民银行尽快签署 3 年期人民币—英镑互换协议,目前双方正在积极就此进行谈判,预计将很快签署最终协议。英国央行称,中英货币互换协议将为两国间的贸易和直接投资提供融资支持,并能在必要时帮助英国本土维护金融稳定。

尽管目前还不清楚具体互换金额,但不影响这件事的受关注度。如果双方顺利签署协议,这将是人民币货币互换首次覆盖到 G7 成员国。自 2008 年 12 月与韩国签署首个货币互换协议以来,中国已与 20 多个国家和地区签署货币互换协议,总额超过 1.6 万亿元人民币。

当然,英国央行可不是为了给中国的货币互换国再增加一个数字。一般认为,英国央行此举有强化伦敦金融中心地位的用意,英国决策者有将伦敦发展成为主要人民币离岸中心的愿望。英国央行行长默文·金解释说:"今后如果真的发生境外人民币流动性稀缺这种不太可能的情况,英国央行将有能力向英国合乎条件的机构提供人民币。"

英国央行的内在动因之一是来自欧洲乃至美洲等其他金融中心城市的压力。近年来,有关伦敦金融中心地位下降的报道不绝如缕,2012 年 11 月份英国经济和商务研究中心(CEBR)的报告就表示,因近 5 年金融从业人数逐年下降,来自纽约和香港竞争激烈,伦敦有可能于 2015 年退居第三位。"新华—道琼斯国际金融中心发展指数(IFCD)"2013 年 8 月份发布的一份报告也显示,伦敦虽仍位居第二,但 5 项一级指标要素,伦敦无一要素排在首位。

在伦敦下滑的同时,欧洲的法兰克福上升势头也很明显。

来自外界的压力只是表象,伦敦的危机还取决于英国经济自身。自危机以来,英国经济面临发展困境,与欧洲各国的关系也到了一个关键节点,退出欧盟的声音此起彼伏。英国也迫切需要找到更多的发展机会,哪怕这些机会还需要更长的历史检验。这正是英国央行冀望借此"帮助英国从中国经济的迅速增长中获益"的背景。

对这一背景的印证是,2012年上半年,伦敦的人民币交易和外汇成交量显著增长。人民币日均外汇现货交易量增长150%,达17亿美元,人民币贸易服务增长至22亿元人民币,与2011年上半年均值相比增长390%(数据来源:伦敦金融城)。这时与人民币货币互换,可借此强化与中国的经济联系。

关键是迎合了中国方面的需求。中国正在实施人民币国际化战略,作为比较容易推进的步骤,货币互换成为最优先选择;并且中国外贸环境的恶化也迫切需要更多突破口。这是双方有望尽快达成互换协议的基础。

与中国互换人民币,在稳定英国国内的金融的同时,相信英国更重要的用意是继续确保英镑的国际地位。目前,英国央行已同美联储、欧洲央行、日本央行和其他一些央行签署了类似协议。笔者之前曾经说过,英镑的地位早已不如从前,也曾建议英国在英镑与欧元之间作个选择。在英国继续维持英镑体制的背景下,与人民币互换不失为一个重要步骤,也降低了英镑的风险。

基于此,笔者以为,英国在作出英镑与人民币3年期货币互换决定的同时,应站在更长远的战略角度,思考英镑与人民币的关系。建人民币离岸中心,只是中国推进人民币国际化的其中一个步骤,人民币的最终地位仍将取决于中国经济的发展。英国需要对此加以研判,把短期决策上升到中英关系的长期战略大局。与人民币货币互换,也为英镑在美元、欧元的格局下,多了一种选择。

第七章　葡萄牙吓了世界一跳

圣灵集团的危机，还是让世界惊恐不已。尽管事发后葡萄牙央行立即声称银行将受到保护，但仍无助缓解市场恐慌情绪。市场的恐慌如果非理性地蔓延下去，肯定会给葡萄牙脆弱的复苏蒙上阴影。

葡萄牙是欧元区第三个退出纾困计划的国家。2014 年 5 月初，欧盟执委会副主席 Siim Kallas 乐观地说，他没有理由不乐观。几乎与此同时，葡国的政要也多次表达类似观点。葡萄牙总理科埃略（Pedro Passos Coelho）甚至通过电视讲话向全国宣布，5 月 17 日为期 3 年的 780 亿欧元纾困计划到期后，葡国将果断地退出，且"不保留预防性信贷额度"。

让人想不到的是，看似好转的葡国经济，随时潜藏着风险。葡国退出纾困计划不久，该国最大的上市银行圣灵银行（Banco Espirito Santo）爆发危机，其母公司圣灵金融集团（Espirito Santo Financial Group）因无法缴纳到期的短期贷款而导致债务违约，引起全球金融市场恐慌。受此影响，标普 500指数下跌近 1%，纳斯达克指数下跌较多，达 1.6%，欧洲股市平均下跌 3%以上。

葡国经济的脆弱，瞬间让看好经济转暖的市场人士吓了一跳。

政治博弈与经济脱困

2013年7月12日,周五,法国失陷最后一家评级机构。这家法国评级机构惠誉将法国的"AAA"评级下调至"AA+",理由包括"经济疲软、失业率激增、财政赤字和外部需求低迷"。这件事后,法国财长莫斯科维奇(Pierre Moscovici)辩白说,"法国债务处于最安全行列,在欧元中流动性最好"。

相较于另一件事,法国这件事在金融市场的反应可谓水波不惊。那件事是葡萄牙政局变动,受此影响,该国5年期国债收益率出现过去19个月最大涨幅,飙涨126个基点,其他欧元区国家也受到传染。政局变动的最核心事件是,葡国总统席尔瓦(Anibal Cavaco Silva)警告各主要政党说,如果不能在"很短的时间里"找到一个建立联盟的方案,那么他将宣布提前举行大选。

这个警告犹如"炸弹",点中各方神经。如果政局继续混乱,将不可避免地影响到欧盟的纾困计划。葡国需要在政治博弈、经济复苏与欧盟纾困之间找到一个平衡。席尔瓦的底牌是,执政联盟与反对派社会党(Socialists)达成跨党派协议,确保紧缩举措获得全面支持,从而在明年退出纾困状态,并在随后举行大选。

事情很快朝着缓和方向发展。葡国总理科埃略(Pedro Passos Coelho)随后表示将作出妥协性回应,准备与反对派达成谅解,以完成援助计划。当月22日,总统席尔瓦表示已接纳联合政府达成的妥协方案,排除提前举行大选。这场由财长加斯帕尔和外长波塔斯相继辞职而引发的政治地震,看起来已暂告一段落,但笼罩葡国的政治危机与经济危机,却并未能清除,未来相当长一段时间里也难以清除。

政治困局暂缓，但一个各方关注的问题却不能不提，那就是席尔瓦在政治谈判时所竭力避免的结果——如果立即重启大选，可能导致该国二度纾困。而葡国的决策层所考量的，应该是尽可能地经济脱困，从而避免二度纾困。

一个最概括的判断是，这取决于葡国所能承受的紧缩的限度，即葡国的政治和经济能经受多大程度的紧缩的考验。从政治层面看，总理科埃略是欧洲为数不多的支持紧缩的政要，总统席尔瓦也支持要咬牙坚持现有经济结构调整措施。根据 2011 年达成的 780 亿欧元救助协议，葡国需要在当年缩减赤字达 5.9%，之后两年的目标分别为 4.5% 和 3%。紧缩意味着过苦日子，科埃略 2011 年当选时把期限预判为 2 年，之后开始了艰难的紧缩进程。2013 年 4 月份经受过一次考验，宪法法院否决了 9 条有争议措施中的 4 条，其中包括削减公共部门薪金以及国家养老金的计划。法院否决引发反对党杯葛，社会党党魁安东尼奥·若泽·塞古罗（António José Seguro）不惜放言"需要换个政府"。接下来，席尔瓦仍要在政党平衡上多加着力。

科埃略在协调政治困局时表态说，政府已经实现内部目标和外部目标，且有迹象显示，在连续 10 个季度萎缩后在 2013 年二季度实现了增长。尽管如此表态，我们也不应回避葡萄牙目前正面临着减赤与增长双重困局的现实。葡国进一步削减预算和增税的空间已很小。

在欧盟的救助计划中，葡萄牙更像个"好孩子"。如今这个"好孩子"还面临着债务偿还风险。根据当前的纾困计划，葡国在最近一次贷款偿付后，将会收到 780 亿欧元三年期纾困计划中的 660 亿。根据原计划，葡国已于 2014 年 5 月退出了纾困计划，并将于 2015 年举行大选。

虚惊一场还是危机暗藏

圣灵集团的危机，还是让世界惊恐不已。尽管事发后葡萄牙央行立即声称银行将受到保护，但这仍无助缓解市场恐慌情绪。市场的恐慌如果非理性地蔓延下去，肯定会给葡萄牙脆弱的复苏蒙上阴影。笔者无意对该危机的市场影响作过度解读，而想更理性地观察葡国的未来走向。

根据现有的资料，我们可以很容易判断出外界对这次危机反应有些过度。出事的圣灵集团，旗下资产既包括银行，也有地产和医院等。早在 2013 年 12 月，审计就发现圣灵集团会计账目有虚假成分，2014 年 5 月审计师证实其会计账目有 25.5 亿欧元虚增。由于各家金融机构都不愿意再向圣灵集团提供贷款服务，才出现违约问题。但从资产看，圣灵集团绝对不是一个资不抵债的公司，子公司圣灵银行也没有出现问题。无论圣灵集团的账目问题如何解决，都不会造成系统性风险。这也是 IMF、葡萄牙政府以及德国政府纷纷表示不担心葡萄牙问题会造成系统性风险的原因。

有了这些背景，我们可以判断这次危机的影响有限。从数据看，葡国经济形势确实在好转。该国 10 年期公债收益率目前在 3.65％ 左右，接近 8 年以来最低水平，2012 年债务危机高峰时曾触及近 17％。葡萄牙 10 年期公债收益率比同期限德国公债高出约 220 个基点。而由于该国在危机救助中大幅度削减赤字，把财政赤字从 2009 年 GDP 的 9.4％ 一举削减到 2014 年预期 GDP 的 3％ 以下，经济改善明显。同时，葡国也逐渐从 25 年来最严重的经济危机中走出，该国政府对经济增速的预期为：2014 年 GDP 增长 1.1％，2015 年增长 1.5％，2016 年为 1.7％。（葡萄牙经济在历史上出现过数次危机，在

1977—1978 年和 1983—1984 年曾经两次寻求 IMF 支持脱困。在 2010 开始的欧债危机中，葡萄牙首当其冲受到冲击。几家大银行破产，政府也随之破产，又一次受到 IMF 救助。)

不过，这并不意味着经济就已完全好转。上述 GDP 增长预期，是下调后的数据，原因是出口增速放缓；之前预测 2014 年 GDP 增速为 1.2%。为完成预算目标，总理科埃略也不得不削减支出。葡萄牙的经济还需要一定期限的调整和整顿，以便更好地鼓励投资，积极创造就业岗位，刺激经济增长。未来一段时期看，葡国经济既取决于能否完善经济结构调整，也取决于内部的政治博弈，确切说 2015 年的大选，是葡国必须要面对的一个风险。大选成败取决于政治平衡，而这些又都取决于葡萄牙能否走出经济困境实现持续增长。一旦出现大的债务偿还风险，就很难预料会出现何种结局。

第八章 从塞浦路斯到斯洛文尼亚

> 多米诺骨牌的此起彼伏提醒欧元区,欧洲既需要为高危国撑起一把防护伞,使其免受来自外部的攻击,也需要想方设法斩断银行业危机的传输链条,让欧元区的银行业危机止步。

自希腊始,几年来欧洲的危机不断。直到 2013 年 12 月 16 日爱尔兰退出危机纾困机制率先脱困,欧洲经济的亮点才开始逐一显现。站在外围观察,我们会发现这波债务危机几乎波及整个欧洲,呈现出多国多危机中心的局面,危机也常常此起彼伏。前面我们对欧洲主要国家的危机作了粗放式的扫描,本章将以更概括的篇幅,对部分危机国作更为粗放式的介绍,以便读者能够更全面了解信息。本章提到的两个小国,都因突发的危机,让欧洲乃至世界为之捏了一把汗。

塞浦路斯:在欧俄之间游移

2013 年 3 月的一场挤兑风潮,让塞浦路斯的危机引爆。在首都尼科西亚,人们在自动柜员机前排队取款。人们担心的不是这个 110 万人口的弹丸岛国,而是这个岛国所面临的挤兑危机,会不会蔓延至伦敦、巴黎或更远的地方。

这正是该危机能够引起全世界关注的真实原因。其实,早在 2012 年 7 月,塞国已开始申请欧盟援助。欧盟此前宣布的救助规模为 170 亿欧元,其中 100 亿由"三驾马车"提供,余下 70 亿塞浦路斯自行筹措。但正是这自筹的 70 亿欧元,让塞浦路斯面临困境。

为补充银行资本金和偿还债务,塞国开始采取征存款税的办法:对低于 10 万欧元的所有银行存款一次性征收 6.75% 的税收,对高于 10 万欧元的存款征收 9.9% 的税收。

危机的背后是欧盟与俄罗斯、欧元区核心成员与边缘成员以及银行与储户之间的博弈。塞浦路斯通过征税的方式,在各方之间玩起了悲情戏。

我们回过头来看:塞浦路斯与俄罗斯的关系可谓"剪不断,理还乱"。当危机进一步显性化后,塞国祭出的 B 计划即包含向俄罗斯求援。然而,俄罗斯先给出的答案是:No!

塞国财长没有碰上 2011 年的好运气。经过两天软磨硬泡,他没能说服俄国。俄罗斯财长安东•西卢阿诺夫(Anton Siluanov)在会谈后告诉记者说,"就俄罗斯这边来说,谈判已经结束了"。他说俄罗斯对塞浦路斯的离岸天然气储备没有兴趣。

事实是,早在西卢阿诺夫之前,俄罗斯双巨头已经先后对欧盟表达了愤怒:总统普京(Putin)则批评说,欧盟要求引入存款税是"不公平的,不专业,开创了一个危险的先例";总理梅德韦杰夫(Medvedev)则抨击说,欧元区的纾困方案有可能"损害人们对金融机构整体的信任",与苏联当年无视小储户利益的充公行为类似。

俄罗斯没有理由不愤怒。即使放下其他 99 个理由,仅欧盟主张征存款税这一项它就可以说不。据相关数据,塞浦路斯 37.1 万储户中 36.1 万储户存款规模都低于 10 万欧元,只有 1 万符合欧盟构建的课征重税范围。而这其中大部分是俄罗斯富人。另有数据显示,塞浦路斯金融系统中,俄罗斯资金约为 250 亿欧元左右(一说 390 亿美元)。

这是个很有说服力的理由,但却不应该简单理解为俄罗斯拒绝救助的理由。真实的情况是,救不救助塞浦路斯,对俄罗斯而言都意味着损失。不救助的损失,除了上述俄国储户的课税损失(约 20 亿美元)外,还有其他直接和间接损失:穆迪分析,塞国债务危机会给俄银行和企业带来数十亿美元损失,如塞政府违约,俄企损失或超 500 亿美元。

救助呢? 目前的这个离岸金融中心、避税天堂,更像一个隐藏巨大金融风险的烂摊子。自 2007 年到 2012 年区区 5 年间,塞国银行业资产扩大一倍,达 1200 亿欧元,是 GDP 总产值的 7 倍。这意味着塞国一旦出现金融问题,靠一己之力完全无法应对。早在 2011 年,塞国就曾因危机向俄国求援,俄罗斯给予了总额 25 亿欧元(合 32.6 亿美元)的五年期贷款。而这笔贷款据说俄国已同意再延期 5 年。这次其实也只要俄罗斯拿出一部分钱,比如再拿出 25 亿欧元,或许就能解塞国于危难。

但这个买卖能干吗? 塞国是欧元区成员国。由于无力筹措余下 70 亿资金,塞国才开始演出征收存款税之类的悲情戏。这出戏颇似"项庄舞剑",那俄国正似沛公。这时候的俄国,能当那沛公吗?

断然不能。做了沛公,俄国也只是欧盟救助的锦上之花,可减少些储户损失或换取些利益补偿,但成全的却是欧盟,救助的恰是欧元区。这时不妨放开手玩一把——尽管可能承受储户和企业损失,但两害相权取其轻,舍去些利益,把烂摊子丢给欧盟,岂不更好?

当然,这一丢好处亦很明显:欧元区危机四伏,希腊、爱尔兰、葡萄牙、西班牙相继寻求救助,救助国与被救国吵成一团。再加上一个塞浦路斯,欧元区指望 5 年或 10 年内搞定内乱，已难上加难。此消彼长，根据均势原则，一个内部混乱的欧盟符合俄罗斯利益，既可减轻来自北约的军事压力，又给了各个击破的可能。纵使难以起到这些作用，给自己多点谈判筹码也着实需要。

当然，上述分析，部分还只是笔者的合理推测。正是欧盟率先出招，把小小的岛国变成政治竞技场。坦率说，"三驾马车"亦有其他办法化解塞浦路斯银行业危机，最终却选择了政治化的操作思路。尽管俄罗斯财长说了"No"，但欧洲仍有不少让俄罗斯充当救星的说客。你说，俄罗斯会伸出援手吗？

斯洛文尼亚紧跟着来了

2013 年 3 月 31 日，复活节。斯洛文尼亚照例也举行了庆祝活动。不过，斯政府的经济官员们更在意的恐怕是另一个"复活"——如何从严峻的银行业危机中摆脱出来。

复活节以来的这几天里，斯国甚至欧洲的政要不断给投资者打气：欧央行管委会委员、曾任斯央行行长的马克·克朗杰克（Marko Kranjec）说斯银行未出现明显的存款外流现象；斯新任央行行长博什蒂安·杰兹拜克（Bostjan Jazbec）说该国面临的挑战能够克服；连欧洲复兴开发银行（EBRD）政策研究主管杰罗明·赞特梅尔（Jeromin Zettelmeyer）也表示斯可能不需要救助，政府采取了正确行动。

这些话语更像是自我激励。斯国银行业问题有多严重？曾于 2012 年 11 月 16 日将其主权信用评级定为负面观察的标普 2013 年 3 月下旬发布研报称，斯与匈牙利两国银行在欧元区最不堪一击，不良贷款增加速度约为 20%。另据了解，该国三家最大银行的不良贷款比例已由 2011 年的 15.6% 升至

2012 年的 20.5%，总额累计 70 亿欧元，近 1/3 贷给了私营部门。最大银行新卢布尔雅那银行(Nova Ljubljanska)2012 年亏了 2.75 亿欧元，连续第 4 年亏损；历史最悠久的银行马里博银行(Nova Kreditna Banka Maribor d. d. ，简写 NKBM)2012 年亏了 2.05 亿欧元。2013 年 3 月底，IMF 称，当年斯洛文尼亚需要 30 亿欧元融资，而国内银行还需要新增资本 10 亿欧元。

这些问题被敏锐的媒体捕捉为欧债危机多米诺骨牌上的又一环将倒掉的证据，而斯国政要则不以为然。理由是银行业规模比塞浦路斯小，即使出问题也小很多，52.7%的政府债务也低于欧洲不少国家。还有一个与塞国的大不同是，斯国银行业中希腊的毒比塞国小太多，存款也一直在增长。然而，斯国的问题也很明显：出口导向型为主的经济过度依赖外部，GDP 增速受累欧债危机，已持续几年下滑，据该国央行最新数据，2012 年下滑 2.3%，2013 年下滑 1.9%。并且，斯国也没能完成欧盟削减结构性赤字的目标。

预测斯国银行业会否演化为一场危及欧元区的大危机，是件吃力不讨好的事情，结果往往并不靠谱。但可以肯定的是，斯洛文尼亚迫切需要在没有欧元区帮助下独自解决银行业存在的问题。2012 年斯国已因救援不及时被几家评级机构下调评级，这次标普的警告更是一个不好的信号。斯国政要口头给了自己和投资者信心后，银行业问题该如何优先解决，则需要实质性的落实。

杰兹拜克的设想是"重建银行体系"。是像塞浦路斯那样拆分好银行与坏银行，还是像中国当年一样将不良资产剥离至外部的资产管理公司？如果进行银行重组，斯政府承诺的 40 亿欧元专项资金是否能到位？当然，在解决这些的同时，斯国银行业需要有办法稳住储户——"当前未出现明显的资金外流现象"，并不意味着之后不会出现这一现象。

这些，是斯国政府新旧交替之际需要着力解决的，毕竟像塞浦路斯一样四处求援的日子并不好受。不过，这也不是世界末日，这个 2007 年正式加入欧元区的小国，大不了像塞国一样为欧元区重危国名单添上一个新成员。从希腊到塞浦路斯，我们看到欧元区有能力进行有效的救援，但借此验证欧元区的能力可不是各方所期望。

多米诺骨牌的此起彼伏提醒欧元区，欧洲既需要为高危国撑起一把防护伞，使其免受来自外部的攻击，也需要想方设法斩断银行业危机的传输链条，让欧元区的银行业危机止步。危机的持续爆发让我们看到，欧元区缺少一般主权国家防范并解决危机的手段，为此付出的成本更大，持续的时间更长，也更容易遭到来自外部的攻击。高危国就像欧元区身上的阿喀琉斯之踵，除了易受攻击，自身也容易出问题。即便像塞国和斯国这样的"后进"小国，也常常弄得欧元区灰头土脸。

私有化能否解斯洛文尼亚危局

斯洛文尼亚仍在撑着。早在 2012 年 7 月份，斯洛文尼亚财长 Janez Sustersic 就向记者表示，尽管该国暂时可以控制银行系统风险，但如果问题进一步恶化，不排除申请救助的可能性。10 个月后的 2013 年 5 月 9 日，斯洛文尼亚仍在避免接受援助，并采纳了包括私有化、增税和财政紧缩措施在内的行动方案，该方案将很快提交布鲁塞尔。

问题出在银行业。据 2013 年 4 月初媒体爆出的数据，斯银行坏账总额约为 70 亿欧元（约合 91 亿美元），相当于 GDP 的 20%。斯三家最大银行的不良贷款比例已由 2011 年的 15.6% 升至 2012 年的 20.5%，这些贷款将近三分之一发放给了私营部门。根据经合组织（OECD）估算，斯洛文尼亚如果对该国银行业进行资本结构调整,需要耗资 10 亿欧元(约合人民币 80 亿元)。IMF 也估算认为,2013 年该国需 30 亿欧元融资,银行业另需新增资本 10 亿欧元。斯洛文尼亚财政部则预计国有银行资本重组需要多达 9 亿欧元。

这巨大的救助成本,被视为斯洛文尼亚有可能向欧盟求援的原因。最新的方案是,斯国拟出售包括该国最大的电信运营商 Telekom、Nova KBM 银行和国家航空公司在内的 15 家国有企业,并从 7 月 1 日开始把增值税从 20%上调至 22%,同时缩减开支,寻求降低公共部门薪资。简言之,该国政府希望通过开源节流来解决银行业遗留下来的资金漏洞。

这些措施能收效几许,笔者以为尚有待观察。但笔者注意到了斯洛文尼亚财长"私有化的关键是推动经济增长"的表述。这是自南斯拉夫解体以来斯洛文尼亚再一次大力度推进私有化。早在该国银行系统出问题后,媒体就分析说问题出在银行系统的国有化上,三家国有银行占了该国银行业 2/3 份额,而这些银行持有的大量不良贷款让纳税人面临风险。

这似乎意味着,私有化已是斯洛文尼亚官方对自己开出的药方之一。在近些年世界经济的实践中,私有化促进经济增长是主流表述,但也不乏批评者。笔者以为私有化是否促进经济增长,还需要有其适应条件。笔者无意就两者之间的逻辑关系及适应条件作过多探讨,笔者想提醒斯洛文尼亚官方在开出私有化药方时,需要更审慎地思考以下几点:

国有化是斯国银行业危机的主要原因吗?从公开的资料可知,斯国银行业风险爆发,首要原因是受累于欧债危机,而巨额的不良贷款进而损害银行业信誉,主权融资环境的恶化又进而让"政府在财政和银行重组融资方面变得困难"。国有化的风险是将银行风险转嫁给纳税人。国有化因素在斯国银行业危机中占多大比重,需要斯国认真辨析。

斯国该不该通过私有化解决银行业危机?回答这个问题需要厘清两点:

除了银行业国有化给斯国财政带来的转移风险外，该国银行业危机在多大比例上是因国有化而造成的效率或风险防范低下所致？银行业私有化是解决银行业问题乃至经济问题的治本之策吗？回答第一个问题，可能更多地需要问斯国央行和三大国有银行。回答第二个问题时，笔者提醒斯国注意一下冰岛经验——冰岛 2000 年到 2005 年掀起旨在解决垄断或效率低下问题的银行业私有化，私有化后的 2006 年度到 2007 年度一度出现三大商业银行利润60％以上来自国际市场的盛景，之后则狂飙突进地转向商业投资银行，之后则是"冰岛困境"。

斯国该如何解决困扰国民已久的经济增长问题？斯国银行业的问题，既是银行业自身的治理问题（斯国拟将 33 亿欧元不良贷款转移至坏账银行），也是斯国乃至整个欧洲经济增长乏力问题。OECD 预测，2013 年该国 GDP 将下滑 2.1％，2011 年下滑 2.3％。斯国当前的解决之策仍是"紧缩"，削减预算赤字（拟在 2014 年将预算赤字占 GDP 比重削减至 3.3％，2012 年是 4.0％），增税降薪等。这些紧缩之策有效吗？斯国该如何摆脱经济低迷、重塑增长？

第二篇

争当救世主

第九章　欧央行要当"最后贷款人"

　　欧央行统一的货币政策很难解决欧元区各成员国的问题。作为统一的货币政策的实现者,欧央行以其手中的货币权调节着流动性的多寡,但未必对每个成员国都适用。

　　1991 年 7 月 1 日成立欧洲央行时,恐怕没想过让其承担更多的职能。最初的设想是,根据 1992 年《马斯特里赫特条约》的规定,欧央行主要负责欧元区的金融及货币政策。欧央行最初的设立,不过是为了适应欧元发行流通。

　　然而,在实践中,欧央行却因欧元区债务危机,不得不走到更前台,承担起更多的职能来。不管是主动还是被动,欧央行都开始了自己的扩张之路。除了制定欧元区的货币政策外,欧央行试图发挥更多的作用,比如利用 OMT(直接货币交易)等金融工具对高危国进行救助,制定庞大的银行业监管架构等。如今,这些实践的成效依然显现,当然背后的风险与分歧仍不容忽视。

　　事实上,欧央行承担着的正是欧洲经济政府职能。欧洲该不该继续坚持财政紧缩政策,欧洲又将采取什么样的货币政策,为什么忽然施行负存款利率政策,欧洲版的定量宽松又将何时出台等等问题,都在欧洲经济政府的考量范围。

OMT，危险的自我救赎游戏

当地时间 2012 年 10 月 4 日，欧央行(ECB)行长德拉吉在欧央行月度会议后的新闻发布会上表示，购买受困欧元区国家债券的准备工作已基本就绪，而且购债条件"不见得一定是惩罚性的"。

这是继 9 月 6 日欧央行公布"直接货币交易"(Outright Monetary Transactions, OMT)计划后，针对市场疑虑，德拉吉再次出面安抚。他同时表示，欧央行将继续维持再融资利率 0.75% 不变，并没有降息的讨论。他解释说，当利率手段调整失效时将采用非常规措施，OMT 就将确保提供有效的支持。德拉吉表态的次日，有媒体援引欧央行高层消息人士的话称，一旦 OMT 实施，就将在 1 到 2 个月内，买进大规模主权债，但之后会暂停买入以进行评估。

这些信号似乎意味着，在宣布一个月后，市场久久等待的 OMT 将有望启动，欧元随即出现小幅上扬。然而，这一计划的启动，并不如市场想象的那样顺利，普遍公认的最急迫受援国西班牙仍然按兵不动。10 月 2 日，西首相拉霍伊表示尚未肯定是否要申请全面救助；4 日，西央行行长则表示，可能无法完成预算目标，政府对 2013 年的假设太过乐观。不过，也有分析师(Commonwealth Foreign Exchange 驻华盛顿首席分析师 Omer Esiner)认为，西班牙在当周的欧元区财长会议后提出申请的可能性有 50%。

奥莫尔·伊斯内尔(Omer Esiner)的分析看起来有点像赌博。尽管这一并不新鲜的救助计划颇具诱惑，西班牙却仍然很纠结：一旦申请救助，就意味着要符合 ECB 的 OMT 计划资格，这一资格是限定购债的先决条件。根据之前欧央行公布的技术操作细节,OMT 的一个必要条件是严格遵循与欧洲金融稳定机构/欧洲稳定机制(EFSF/ESM)某个适当计划相关联的条件。

西班牙的纠结告诉我们的正是关于 OMT 的第一个真相:这仍是一个以受援国经济结构调整与财政状况改善为首要前提的救援方案。成员国必须在满足 EFSF/ESM 在一级市场的购债条件后,OMT 计划才会启动。这意味着 OMT 仍将在成员国让渡权利与获得援助的纠结中徘徊。这样做的优势是,能够促使成员国调整结构,劣势则是结构调整和财政状况改善不力的国家,危机有被拖延的风险。因为最直观的理解就是,不能符合 EFSF/ESM 条件的国家,将被排斥在购债计划之外。

尽管如此,专注于购买 1 至 3 年短期债券、欧央行放弃债券优先索偿权、债券购买不设上限等承诺,对短期市场有一定的提振作用。这与 OMT 计划发布以及德拉吉新闻发布会后西班牙和意大利等国债券收益率下调有直接关系,也便于为受援国争得改革的时间成本。

然而,欧央行一厢情愿的 OMT 计划,仍面临潜在风险。正如前文所述,欧央行购债计划的执行,是以符合 EFSF/ESM 条件为前提的。倘若西班牙意大利等潜在受援国在危机恶化时仍未能符合该前提呢?潜在的财政悬崖效应,会进一步加剧受援国风险。届时欧央行是降低标准还是见死不救?两者的风险都是欧央行和欧元区难以承担的。

更进一步说,倘若受援国债券被 OMT 后出现违约呢?这是个更严峻的问题,也关涉 OMT 的另一个真相:欧央行的 OMT 计划是实质上的欧元区财政分担,欧央行通过购债使自己成为事实上的最后贷款人,并进而承担各受援国的道德风险。在一个财政权与货币权分割的超大经济体里,最后贷款人的风险更是难以估量。为此,欧央行设定了类似"熔断机制"的保护措施:一旦觉得目的已达到或条件没有被遵守,欧央行理事会有权终止 OMT;在进行彻底评估后，欧央行理事会有权决定 OMT 的启动、延续和暂停。

欧央行似乎并不回避这项交易可能带来的潜在风险。在 2012 年 9 月 6 日的会议上，德拉吉也明确承认由于直接货币交易计划主要购买期限为 1 至 3 年的短期国债，可能刺激成员国扩大短期国债发行规模。并且，这项交易也被认为是"不光彩的诡计，绕过了欧洲央行不能直接购买欧元区政府债券的禁令"，进而"带来道德风险，因为它将缓解挥霍无度的政客平衡预算、推进改革的压力"。由于德国等欧央行大股东可能因持有南欧债券而受损失，2013 年 6 月 11 日，德国宪法法院专门为此举行了听证会。

2014 年 2 月 7 日，德国宪法法院将该议题提交欧洲法院，希望宪法法院就欧洲稳定机制的援助机制的合法性和财政影响作出裁决。宪法法院同时批评说，有显著证据表明直接货币交易计划超出了欧洲央行的授权，并违反了资助成员国的禁令。当年 5 月份，欧央行执委默施（Yves Mersch）还对外称，欧洲法院将会批准 OMT。不过，直到 7 月份，德国财长朔伊布勒仍对外透露，欧洲法院还没有允许欧央行推 OMT 计划。

很显然，争论仍将继续。事实上，欧央行埋下的是又一颗分裂的种子。可以预料的是，持反对立场的德国仍将参与 OMT 计划，但围绕着 OMT 和欧洲救助计划的争吵声，仍将长久回荡在欧洲上空。

创新货币工具救欧洲于危难

其实，OMT 只是欧央行设想的其中一个货币工具，在欧央行的篮子里，还有负存款利率，以及欧央行官员口中多次提到的"非标准的货币政策工具"等。尽管有德国等国经济官员多次警告欧央行不要越过规矩，但从近年的实践看,渴望通过货币政策工具把欧洲从危机中拖出来,已是欧央行的重要目标。欧央行倾向于通过货币政策的调整推动欧债危机的解决,哪怕成为事实上的最后贷款人,但结果恐难如愿。(用欧央行执委阿斯姆森的话说,非标准货币政策工具包括以下三个主要措施:通过长期再融资措施为欧元区银行提供资金支持;通过宣布直接货币交易计划消除了对欧元区解体毫无根据的担忧;关键货币政策利率的未来可能导向通过前瞻性指导,传达更为明确。他认为,采取非标准但不是非传统的货币政策工具,恰恰是为了达到价格稳定的传统目标。)

我们随便截取一个时间段,就可看出欧央行心中的焦急。比如 2013 年 6 月底的一周,欧洲央行既对是否采取负存款利率进行过沟通,更是对是不是继续宽松争论不休。这一段时间,来自欧央行的动作和表态主要有以下几项:

欧央行执行委员会(the Executive Board of the ECB)委员科尔(Benoit Coeure)表态离退出宽松还十分遥远,货币政策将继续保持宽松;欧央行执行委员会委员阿斯穆森(Joerg Asmussen)则否认了正在讨论一项涉及 17 个欧元区成员国的美联储式购债计划,并称德拉吉关于"360 度"思考的声明仅仅指修复货币政策和实体经济之间的传导机制;欧央行行长德拉吉也有新的发言,一个新的动作是欧央行暂停了塞浦路斯国债的抵押品资质。

欧央行暂时中止塞浦路斯国债参与欧央行再融资操作资格的做法,带来的直接影响是标普下调塞主权信用评价至选择性违约。市场评论认为欧央行此举只是程序性措施,起因是塞浦路斯表示将推出新的债务置换方案,将价值 10 亿欧元的塞浦路斯国债置换为新的长期国债,以满足获得欧元区财政救助的附加条件。欧央行对塞采取了审慎的态度,而更值得关注的是德拉吉讲话中更为审慎的表态。

德拉吉的表态要点如下：在稳定市场和支持经济上，欧洲央行已经做了能做的努力；但货币政策不能创造真实的经济增长，必须要有政府的改革支持。"如果增长继续停滞是因为经济不能制造足够的产品或是因为企业已经失去了竞争力，那么这已经超出了欧洲央行可修复的能力范围。"

这样的表述经常可见诸报端。如果说这段更接近于欧央行管理委员会（the Governing Council of the ECB）委员魏德曼的表态是为了对之前"欧央行正在考虑进一步的非标准货币政策工具"的矫正，倒也是一种比较符合情理的表态。但笔者更希望的是德拉吉在认识上作出调整的体现。就目前欧洲的政治与经济现实看，欧央行当不了"危机救世主"。

首先，如德拉吉所说那样，货币政策不能创造真实的经济增长。欧洲真正的问题是增长问题，债务问题只是增长问题的体现和爆发，出现问题的是欧洲的经济增长模式。这些判断已是共识，欧洲走出危机的根本是转变经济增长模式，找到欧洲经济的新增长点。德拉吉旨在"修复货币政策和实体经济之间的传导机制"是理性的表态，欧央行所能做的也仅限于此。

其次，欧央行统一的货币政策很难解决欧元区各成员国的问题。作为统一的货币政策的实现者，欧央行以其手中的货币权调节着流动性的多寡，但未必对每个成员国都适用。比如债务危机，有的国家表现为银行业问题，有的国家问题则出在财政。再加上欧洲货币权统一财政权分散的现实，欧央行一刀切的货币政策必然出现普适性差的现象。而欧央行救助以财政权的让渡为前提的做法又加剧了各国的分裂。

再次，欧洲可能遇到了即使是货币权与财政权统一的国家也可能遇到的流动性陷阱。尽管欧洲各方对流动性陷阱的认识并不一致，但我们仍要警惕货币政策失效的现实可能。利率工具的失效既是经济整体问题的体现，也反映着央行货币权的短板。欧央行把重心放在修复货币政策和实体经济间的传导机制,这是当前解决货币政策失效的手段,但从根本上还是要解决增长问题,需要"各国政府的改革支持"。

可以这样理解,德拉吉表态向审慎的转变,或许也只是欧央行对自我责任的一种减压,对各国政府的施压。德拉吉在谈话中要求各国政府调整税收和劳动力法规以便为企业和就业提供更多支持。对央行货币权的审慎并没有改变他追求金融一体化的雄心,他一直在努力推进建立具有强大的单一监管机制(SSM)和强大的清算机制(SRM)的银行业联盟(关于负存款利率以及银行业监管等内容,在之后的章节中会重点加以描述),并且欧央行也干脆接管了欧洲银行业监管机构。做了这些,对欧央行的雄心而言还远远不够。可以相信,围绕欧央行的雄心与能力的讨论,仍将是一个值得继续的话题。

欧洲稳定机制"稳定"欧洲

老实说,这个稳定基金(EFSF),是由欧元区 17 国在 2010 年 5 月 9 日联合创建的,而 2011 年 3 月 25—26 日欧洲峰会获批 2012 年 10 月 8 日正式生效的稳定机制(ESM),则是其长期版和机制化的产物。这个机制的出现,初衷正是欧元区对自身弊端的校正。ESM 既是欧央行的补充和机制化,也和欧央行一起,成为欧债危机救助中的中坚力量。从 EFSF 到 ESM,也有着颇不寻常的经历。

2012 年 7 月 24 日,伦敦奥运开幕前不久,评级机构穆迪投资者服务公司将欧洲金融稳定机构(EFSF)的评级展望从"稳定"下调至"负面",原因是德国、荷兰和卢森堡三国的评级展望发生了变化。穆迪解释说,"欧元区前景的不确定性以及可能出现的情况对成员国的潜在影响不再符合'稳定'展望级别"。

尽管 EFSF 仍被保持 AAA 评级,展望的下调依然给欧债危机的艰难救助蒙上一层阴影。上次调降发生在 2012 年 1 月中旬,标准普尔继下调法国、意大利等欧元区九国评级后,果断将 EFSF 的信用评级从 AAA 下调至 AA+。略显谨慎的判断是,这两次调降都将对 EFSF 的救助能力形成掣肘,进而增加融资难度和融资成本。毕竟,德国、荷兰和卢森堡都是对 EFSF 贡献巨大的国家。

其实,这两次调降,对 EFSF 来说都不是致命的。作为应对特殊情况而设计的临时性的制度安排,EFSF 从出生就存在先天不足:资金规模受到限制,存续时间也只有 3 年,并且,起初仅限于受到 IMF 资助的国家(后得以扩大)。更致命的局限是,EFSF 的能力有限。据德意志银行分析师计算,EFSF 2.0 加上 IMF 的配套额度等其他救助机制,总共只能提供 7500 亿欧元的资金援助;而要救助希腊、葡萄牙、比利时、西班牙和意大利,却需要 11800 亿欧元的子弹,缺口达 4300 亿欧元。

那么,救得了西班牙就救不了意大利,就会成为现实而不仅仅是个调侃。欧洲需要一个逐步实现财政统一的长期机制和常规工具,既能通过及时救助防范欧元区乃至整个欧盟战略被某一国拖下水,又能配合欧盟和欧洲理事会有效实现更加宏大的战略规划。2011 年 6 月 24 日欧洲稳定机制(ESM)的诞生就是这一思路的具体实践。据说,这个稳定机制由三步程序组成:提供防止当前危机重演的机制;如果无法阻止危机,那就提供更强有力的流动性支持;流动性不够,出现无力偿债,将启动违约机制。

这个理想的永久性救助机制,出生即颇费周折。ESM 首先需要欧元区各国议会的通过才能生效。尽管法国、希腊、德国、荷兰等国从 2012 年 2 月以来相继批准同意,但最后才得到德国宪法法院的裁决生效。欧债危机为欧元区各国提供了一个权力分配的博弈平台,欧洲领导人争论的焦点是统一的银行业监管及存款担保机制、财政联盟及统一欧元债券的发行、政治联盟。德国总理默克尔主张先政治联盟再财政联盟,德意志联邦银行行长魏德曼主张先有财政联盟才能有银行业联盟和统一监管。

成立之初争论的另一个问题是,ESM 该如何定位?欧央行(ECB)官员诺沃特尼(Nowotny)抛出一个 ECB 可能讨论给予 ESM 银行牌照的问题。诺沃特尼抛出这个包括欧央行行长德拉吉在内的多位官员曾公开反对的议题,更像抛出一个试探气球,德国首当其冲"躺着中枪"。第一时间,德国央行和财长发言人出面表示反对。姑且不论德国、芬兰等国是否反对,这个问题直指的是 ESM 的定位。倘若获得银行牌照,ESM 背后的欧央行就可以名正言顺地购买各国国债,并把资金源源不断地输入各国银行。这样的结果是,ESM 就从救助机制变成银行的银行。

不管怎么说,争论之后,2012 年 10 月 8 日,ESM 正式启动。据了解,ESM 的资金分为两部分:分别为 800 亿欧元的入股资本,以及 6200 亿欧元的可通知即付的资本,总额共计 7000 亿欧元(其中包括不能用于借贷的资本缓冲)。ESM 的借贷能力也将达到 5000 亿欧元的上限。并且,ESM 的功能设定是:购买面临严重金融危机的成员国的国债;为重债成员国提供贷款,由其向出现问题的银行进行注资;将来可能直接为成员国的问题银行进行注资。

尽管这是一个短期内收获一些掌声的设想,但其潜在的风险却不能忽略。欧央行像在玩一个货币游戏,购买大量债券,然后把资金通过 ESM 注入发行债券的被救助国,然后进一步膨胀资产负债表,这些资产中不乏有毒债券。作为最大出资方的德国,所承担的风险自然也将加大。对受助国而言,即使短期有正面作用,那也只是延缓和减弱了危机爆发的时间和强度,而不是根除。

其实，再进一步说，这也似乎偏离了从 EFSF 到 ESM 升级的初衷。对当前而言，ESM 的主要功用在救助，而就欧元区乃至欧盟的长远来看，ESM 的主要功用则应放在防范、监督和处罚上。统一欧洲财政，是欧元区能够长久的前提；而在这过程中，如何从制度和机制上完善 ESM，让 ESM 在防范、监督和处罚方面发挥更多作用，则更为重要。

如果说稳定机制是从根本上对欧洲的债务问题提供解决方案的话，欧央行当前还有一项很急迫的工作，就是该采取什么样的货币政策从当前的危机中走出来。这其中，一个最受欢迎的基调就是——宽松。

"宽松"，全球央行都喜欢的一个字眼。尤其是次贷危机之后，深陷危机的美国和欧洲，都常常为宽松或退出宽松所纠结。零利率乃至负利率，看起来都成为稀松平常的政策选项，尽管其对经济的作用并不都是那么明显。

不过，包括欧洲央行在内的世界央行，还是忍不住尝试，哪怕是引鸩止渴。这不，2014 年 6 月 5 日，欧央行终于忍不住尝试起负利率来（再融资利率由 0.25% 下调至 0.15%，存款利率由 0 下调至 -0.1%），也因此成为全球首个尝试负利率的大国央行（瑞典和丹麦曾有过试验）。事后，欧央行的官员对这一选择不乏自信，副行长康斯坦西奥（Vitor Constancio）一个月后对外表态称，这次积极宽松举措应该会解决欧元区通胀过低的问题。

宽松，真能如康斯坦西奥所说，解决欧元区存在的问题吗？接下来的几节里，笔者将重点就这个话题进行探讨。

无期限宽松，很让欧央行纠结

这几年来，欧央行一直在为要不要继续宽松所纠结。比如在 2013 年 3 月上旬举行的每月一次的欧央行新闻发布会上,行长马里奥·德拉吉还在重申:欧元区"仍未摆脱下滑风险",他表示欧央行"将维持宽松货币政策,延续时间视需要而定"。他把经济复苏的希望放在下半年。

能对德拉吉这时决定"继续维持宽松"加以注解的是,欧元区经济状况仍身处危机。在发布会上,德拉吉宣布欧央行下调 GDP 预期,他预计 2013 年全年经济将萎缩 0.5％左右(此前预期为 0.3％),这一预期仍有下调可能。

这是一个值得玩味的决定——正如巴克莱在一份研究报告中说,"无明确终止时间"的政策是一件新事物。欧央行既对当前的经济前景感到忧虑,又无限期维持宽松政策,继续维持现有的 0.75％的再融资利率不变。

"无明确终止时间"也是个颇具政治智慧的表述。尽管德拉吉把复苏的希望放在下半年,这一表述仍清晰地传达出一个信号,欧央行内部对经济前景判断谨慎。经济前景不妙,维持宽松不变可继续给市场增强信心;倘经济好转,又能及时作政策调整,且不违背之前确立的方针。

其实,这背后是欧洲经济所面临的复杂局面。德拉吉的母国意大利,在德拉吉决定这么做的时候,就正在陷入政治与经济僵局。被债务危机纠缠的意大利经济,仍未有好的起色;持不同经济对策的各政治派别,又陷入选举僵局,组阁困难,进而又有延缓经济复苏的可能。而作为欧洲经济领头羊的德国与法国也不乐观。德国经济部 2013 年 3 月 8 日数据显示,1 月工业产出月率表现不及预期,制造业订单表现低迷。虽然就业率有所提高,但经济复苏看起来仍很脆弱。法国的数据更糟糕,3 月 7 日公布的最新数据显示,2012 年 4 季度失业率达 10.6％(本土 10.2％),连续 6 个季度上升,创 1999 年 2 季度以来最高水平。

德法等国的经济环境,更加剧了欧元区经济下滑的风险。这也正是欧央行无限期维持宽松政策的一个原因。另一个地球人都知道的原因是,全世界都在青睐宽松政策。日本央行、美联储等全球主要央行的宽松措施，加大了紧缩货币政策的风险。即使经济形势好转，欧央行例行宽松都不难理解，何况当前还处于复苏乏力窘境。

曾从"凯恩斯主义"汲取营养的德拉吉（师从凯恩斯学派经济学家），对欧洲深受凯恩斯主义之害应该有着痛彻的理解，但他又不能轻易将其抛诸脑后。政府的财政刺激是巨额债务危机的根源，结构性改革是治理巨额债务危机的治本之策，但过度坚持结构性改革又要面临需求乏力与政治困境。

或许这正是包括德拉吉在内的 23 人集团作出无明确终止日期地维持宽松政策的缘由。宽松有助于促进经济增长，但欧洲经济的复苏又不能过度依赖宽松刺激。凯恩斯式的刺激，实践已证明对高福利的欧洲不啻一剂毒药——既延迟危机的解决又放缓结构性改革的进程（凯恩斯主义更像一剂猛药，最适合深陷危机的经济体）。但又不能不服用。欧央行开出的结构性改革的药方，仍需要各国尤其是债务重危国给予很好的贯彻。削减债务减少赤字，也是欧洲给予救助的前提。德拉吉在发布会上就表示，意大利恢复增长的唯一途径是结构性改革，爱尔兰需要在银行业方面采取行动，塞浦路斯则要确保债务的持续性和金融稳定（经济规模较小，但系统性风险可能不小）。尽管如此，欧央行仍采取谨慎对策，持续宽松的同时并未出台非常规措施，"我们并不承诺或计划采取任何特别行动"。

如前所述，欧央行把危机交给时间的办法可以理解，但不乏风险。欧洲各国需要依靠结构性改革解决债务危机，重塑未来，但前提是要渡过当前的难关。这一难关的突出表现是，经济困局正在引起重危国的政治混乱，意大利就是例证。因为，任何一小国的风险，都可能引发系统性风险，任何一小国的政治混乱，都可能引发欧元区乃至整个欧洲的政治混乱。

紧缩的财政政策也顶不住了

　　德拉吉讲话后的一个多月,欧洲的财政紧缩就出现了快顶不住的迹象。2013 年 4 月 22 日这天,欧盟委员会主席巴罗佐公开表示,由于欧元区边缘衰退国家的强烈反对,欧洲紧缩政策可能将达到极限。之后,新上任的意大利"短命"总理莱塔也开始了放弃紧缩的游说:4 月底,他来到德国,告诉默克尔说意大利将放弃紧缩咒语而开始做更多的事情来提振增长;5 月 1 日,他成功游说法国总统奥朗德,二人联合在巴黎呼吁欧洲把当前的经济政策重心转向刺激经济增长。

　　莱塔的理由是,意大利下一步将把重心放到经济增长上来。"我们已经做了,并且将继续尽一切努力来保持我们的财政秩序,但我们相信欧洲应该追求增长政策。"他表示,欧洲面临着"合法性危机",必须改变聚焦于紧缩的现状。"如果只有财政整顿我们将会灭亡。增长政策刻不容缓。"

　　放弃财政紧缩的呼声日盛,并不意味着财政紧缩已失去政治正确性。巴罗佐的表态是,"这些政策从根本上看都是正确的,但是从许多方面看均达到了极限"。他表示,尽管他相信仍然需要彻底的改革和大幅削减财政赤字,但是这些政策需要"能够被接纳,并且在政治和社会均行得通"。

　　尽管巴罗佐的观点是欧洲决策者的主流思想,但并不意味着财政紧缩不受到质疑。比较新的一篇质疑来自英国《金融时报》署名美国马萨诸塞大学阿姆赫斯特分校经济学教授罗伯特·波林和迈克尔·阿什的文章《我们应反思紧缩经济学》。这篇文章认为,根据作者掌握的证据,"当债务与 GDP 的比值超过 90％时,一国增速可能会略有放缓,但并不能认定这个结论在所有情况下都是成立的,甚至也不能认定这个结论在多数情况下成立"。作者认为,人们应该思考二战后美国军人大批复员时期等特殊情况,思考诸如"增长缓慢是公共债务增加的原因还是结果"之类的问题。该文甚至认为,主张紧缩的强硬派人物提出的观点并没有充分的证据支持。

笔者没有证据证明该文的刊发是为了唱空紧缩论,但继续紧缩的难度空前加大已是不争的事实。事实上,正如笔者之前所言,欧洲的财政紧缩,从一开始就是欧洲的政治——它关乎欧洲经济复苏与增长,但除恢复增长之外,欧洲各国乃至欧洲"三驾马车"考量的还有其他因素。欧洲债权国与债务国围绕紧缩与否进行着一场旷日持久的博弈,并且最近披露的一些数据也证明,所谓财政紧缩,对债务国而言也是一场政治游戏。

据媒体援引相关数据统计,欧洲似乎并未实质性地推进过紧缩政策。2007—2012 年,真正削减了政府开支的国家只有冰岛和匈牙利,爱尔兰政府开支持平。整个欧元区政府开支增长水平为 15%。挪威政府开支增幅最高,达到 45%。同期欧元区和欧洲 27 国的公共债务增长水平差不多为 50% 左右,爱尔兰政府虽然开支持平,但债务增长位居欧盟 27 国第二位,债务增长 300%。

受制于国内小政治,这些国家的选择可以理解。但相信看了这些数据,欧元区和债权国领导人心头很不是滋味:财政紧缩既是欧元区救助与否的前提,也是欧元区给走出危机和复苏经济开的一剂药方,这剂药方的基本逻辑前提是防止债务的进一步扩大进而吞噬债务国财政,进而影响 GDP 增速。而今紧缩有些事与愿违:各国面临的内部压力有增无减,而期盼中的经济复苏却迟迟不见身影(欧盟最新的预测是欧元区危机将更严重,多国无法达成赤字目标),以至于连欧央行都采取继续下调欧元利率至 0.5% 的措施以刺激经济,德拉吉甚至承诺一旦需要将继续采取措施。

除了德国,法国也开始加入放弃紧缩阵营。这或许意味着,放弃紧缩的舆论氛围已基本就绪,下一步应该就是何时开始放弃紧缩又该如何紧缩了。抛开当前的经济环境,单纯谈促增长何时都不会错。但问题是,欧洲面临的正是巴罗佐没有明说的两难:继续紧缩,越来越多的国家要"造反";而放弃紧缩稳增长,背负越积越多债务的欧洲,能切实走出危机吗?

负存款利率的论调开始出现

转眼已是 2013 年年中,欧洲还没能放弃财政紧缩,欧洲央行已开始考虑进一步的举措了。2013 年 6 月中旬,欧央行行长德拉吉在耶路撒冷的演讲中明确表示,欧洲央行在考虑进一步的非标准货币政策工具。真是冰火两重天,就在他讲话之后不久,美联储主席伯南克宣布可能在 2013 年晚些时候退出 QE3 并在 2014 年中结束 QE3。

德拉吉的非标准货币政策工具就包括引入负存款利率、实施进一步的长期贷款业务以及调整抵押品框架。尽管没有明说,德拉吉的讲话被看作是对市场猜测货币政策是否转向的回应。在 6 月初的时候,德拉吉曾经明确表态说货币政策同样是复苏的驱动力,只要有必要,欧洲央行将维持宽松。尽管他的说法与担任欧央行管理委员会委员、德国央行行长的魏德曼不同,魏德曼 2013 年 6 月 18 日仍表示,欧洲央行管委会一致认为货币政策不能解决危机。

德拉吉讲话的几个要点值得关注:欧央行将以开放性态度考虑非标准货币政策;欧央行手中仍握有备选政策;货币政策再度发挥引导作用,央行在减轻银行融资压力方面还能作出更多努力等。

尽管德拉吉持开放性的说法仍延续他之前的态度，但在美国明确退出之际再次重提，给人底气不足的感觉。他多次明确对市场表示他的手段多样，但似乎安抚市场的用意多于实际。他更应该多听听魏德曼的话。

负存款利率的设想非常大胆，但实际效果可能事与愿违。这意味着欧洲央行将向商业银行存放其处的隔夜资金收费。欧洲如果想继续宽松，利率调整空间其实非常小。自 2012 年 7 月开始，欧洲已将存款利率降至零。关于负利率的尝试，之前丹麦曾经有过类似操作，短期曾起到阻止外部资金流入的作用，但对经济的作用并不大，反而给银行带来极大压力。欧央行实行负利率，同样会给银行业带来压力：可能造成盈利下降，为抵消盈利影响，银行或提高利率；货币市场基金可能陷入困境；社会囤积资金，进而降低流动性。

有舆论认为，欧央行想以负存款利率摆脱"零利率"的约束，进而引导银行将更多流动性转移到更高收益率的资产，从而拉低银行间利率、现金工具的短期收益率或降低主权收益率。这是假定中的逻辑，欧央行此举能否起到流动性释放流动性的目的，仍值得讨论，因为从某种程度上看，负存款利率对银行而言都是一种成本的增加，银行极有可能以提高贷款利率应对。

德拉吉尽管重申以开放性态度考虑非标准货币政策，但这一表态背后透着谨慎。在分析德拉吉货币政策的选择时，我们是不是也该分析一下处于原点的问题：欧洲是不是面临流动性问题。2011 年与 2012 年 2 月，欧央行已连续两轮 3 年期长期再融资操作（LTRO），向金融机构注入逾 1 万亿欧元流动性。在德拉吉讲话的前一天，欧洲当地主流媒体发布的一份调查显示：受访的 22 位交易商中的 19 位预计，至少第三季末前过剩流动性将一直高于 2000 亿欧元。6 月 17 日当天的过剩流动性约为 2950 亿欧元，市场利率低于欧央行 0.5% 的再融资利率。看起来市场并不太担忧流动性。

与这一数据有些反差的是欧洲经济数据。欧央行在 6 月初的货币政策会议后将欧元区 2013 年经济增速预测从 3 月的−0.5％下调至−0.6％,2014 年经济预测从增长 1.0％略微上调至增长 1.1％。这或许在某种程度上印证了魏德曼"货币政策不能解决危机"的说法。

欧洲或许正在陷入流动性陷阱,而走出陷阱的根本办法是发展欧洲的实体经济,促进经济整体增长。德拉吉看起来不太缺流动性,他所面临的问题是如何把不断扩张的基础货币从银行赶向实体经济。负存款利率能做到这一点吗?

世界热议退出,欧洲却退出不得

G20 财长和央行行长会议于当地时间 2013 年 7 月 20 日下午在莫斯科闭幕,会议通过了要求各国优先促进就业与经济增长的共同声明。声明表示,"尽管美国及日本的经济活动出现了趋于强劲的迹象,但欧元区经济仍在衰退,众多新兴市场国家的经济发展速度放缓"。

很显然,欧洲不是这次峰会的重点,尽管欧盟及其部分成员国占了 5 个席位(不包括俄罗斯)。美国是否退出宽松以及日本的过度宽松政策都是讨论的焦点,俄罗斯财长西卢阿诺夫(Антон Германович Силуанов)在发布会上略带批评说美联储释放的退出宽松信号导致资金恐慌,"我们都希望美联储提高政策的可预见性,与其他国家加强沟通"。他透露,无论发达国家还是发展中国家,都不主张目前终止宽松的货币政策。

笔者注意到,会后的 G20 新闻通报表示,各国政府应该把角色调整为促进增长和创造就业机会,增长依然是各国考量的重点。同时,G20 也照顾到了部分国家对日本单方面举动的意见,表示"将避免进一步采取竞争性货币贬值措施以及操控它们来获得竞争优势"。

表态明确透露，退出宽松不是当前各国的选项，为了一国发展而恶意贬值也可能会受到部分抑制。尽管并未超出市场预期，这些照顾到各国立场的表态还是说出了部分事实。除了美联储的虚晃一枪外，其实，就欧洲而言，不管是理论还是现实，目前都并不具备退出宽松的条件。

先看政客的表态。早在 6 月下旬，包括行长德拉吉在内的欧央行数位官员都出面表态说，欧洲离退出宽松的时间还很遥远，欧洲的整体经济形势仍需要宽松的货币政策。G20 峰会期间，多位官员亦反复表达不会轻易退出宽松的观点。欧央行执委会成员阿斯缪森（Asmussen）表示，只要有需要，欧洲央行货币政策就会一直保持宽松。欧央行管委兼德国央行行长魏德曼也表示退出货币宽松政策的时间尚未到来。甚至 IMF 总裁拉加德都表示，如果有必要欧央行还有继续宽松的空间。

这其中，魏德曼的态度尤其值得注意。这位曾多次批评欧洲央行宽松政策的德国人，一反常态地表示当前不是退出宽松的时机，值得玩味。其态度应该与欧洲当前经济形势和德国本国的经济形势有关。不过，这不是笔者本文探讨的重点，笔者想借此印证，欧洲其实已被宽松绑架，在"经济持续衰退"的当前，欧洲并不具备退出宽松的条件。

最表象的"绑架者"是欧洲的经济数据。欧洲仍处于通胀率偏低、失业率偏高的状态，有数据为证：据欧洲统计局最新数据，欧盟 27 国 6 月年通胀率为 1.7%（2012 年同期为 2.5%），月通胀率为 0.1%，欧元区年通胀率为 1.6%（2012 年同期为 2.4%），月通胀率为 0.1%；欧盟 27 国整体失业率为 11%，欧元区 17 国整体失业率为 12.2%，其中希腊失业率更是超过西班牙高达 26.9%。

同时，欧洲经济的结构性问题以及由此导致的增长乏力是深层"绑架者"。自危机爆发以来,欧洲各国在危机中挣扎而难言脱身,根本原因则是经济结构出了问题,缺乏经济增长的新动力。因缺乏有效的经济增长支撑,欧洲经济只好在危机中徘徊。仅从 2013 年一季度的数据描述即可看出问题的严重性:本地 GDP 初值季率萎缩 0.2%,预期下降 0.1%,经济整体继续衰退,德国经济增长接近停滞,法国陷入衰退,意大利连续 7 季度收缩,西班牙同样陷入深度萎缩。欧洲要退出宽松,最基本的前提是解决根本性的增长问题。

现实却似乎是,欧洲掉入了货币宽松与低增长的陷阱。欧央行除了采取利率工具(目前主要再融资操作利率维持在 0.50%,边际存款利率维持在 0.00%)外,更是采取了不同于美国的宽松工具:延长到期日的长期再融资操作(LTRO)和无限量冲销式购债计划(OMT)。然而,这仍未能解决欧洲的增长问题,甚至出现了"流动性陷阱"的征兆。结果是,继续宽松收效甚微,而退出却也不得。

通缩风险背后的结构性难题

时钟滑到 2013 年年底,对通缩的担忧正在一步步向政策现实转化。欧盟考虑的都是如何继续宽松的货币政策:为成员国提供低息贷款,欧央行行长德拉吉反驳德国对降息政策的批评,欧央行首席经济学家警告说不排除选择 QE。欧洲当局一方面冀望宽松货币刺激经济,另一方面也不遗余力地为宽松排除障碍。要推行宽松政策,欧洲当局首先要在内部达成共识。

持续的财政紧缩及货币紧缩政策,以及潜在的通缩压力,成员国加速推进经济改革,提振经济增长成为非常急迫的任务。这正是欧洲经济当局考虑通过低息贷款的方式刺激的现实原因。不过,根据媒体的报道,这一贷款可以被视为补贴贷款，由各成员国通过财政转移来支付并共担风险。

这可不是德国所喜欢的方式。甚至德国对低利率的货币政策都不乏微词。德国多次批评欧央行的降息政策，而德国的意见又是那么重要，欧央行着实为难。德国批评降息政策，除了该国传统上对通货膨胀有着根深蒂固的恐惧外，德国经济对降息的需求并不大。德国经济增长较为稳定，失业率也较为乐观（比如2013年三季度德国受益于内需，GDP终值0.3％，符合预期，10月份失业率6.5％，为近一年来最低），对降息的需求相应要小一些。同时，德国也明显出现经常账户盈余，甚至因此遭到了美国的批评。

德国的情况并不能代表欧洲整体。德国一向是欧洲的好学生，也是推动欧洲各国经济改革的主导国。德国一向主张通过紧缩财政和货币以及减赤，敦促重危国调整经济结构，健全货币体系，以便早日走向正轨。然而，德国的诉求，恰恰折射着欧洲复杂的经济现实。欧洲各国的不平衡是欧洲经济整体复苏的大难题，这意味着同一的货币政策在各国将带来不同的现实。对德国有益的政策，对重债国未必有利。在同一国家，可以通过转移支付和政策倾斜来化解区域差异，而在欧元区却意味着争吵。而争吵却又必然会贻误战机，难免拖延危机的救助。

即使没有德国的反对，降息也更多的只是一种态度，而未必是一种有效措施。笔者在月初的专栏中分析过这一问题，倘若欧洲遇到的是和日本一样的资产负债表衰退，又面临"流动性陷阱"，则降低利率将基本无济于事。从近期的情况看，欧洲面临着明显的内需不足问题，据媒体统计，自2011年四季度至2013年年底，欧元区制造业产能利用率连续7个季度不足80％，家庭消费也连续7个季度同比下滑。同时，欧洲的信贷紧缩也很严重，尽管经过数拨银行业测试，欧洲银行业的盈利能力仍提升缓慢，风险敞口加大，信贷继续紧缩。即使通过这波银行业测评，不良贷款突破1.2万亿欧元的欧洲银行业仍将因企业投资消费意愿降低而持续信贷紧缩。

其实,是否有用已不重要,重要的一是态度,二是这一态度背后的政策取向。态度更多的是表现给欧洲内部,尤其是那些亟须救助的重危国,政策取向则让欧洲外部的投资者多些参考。尽管不少投资者仍在押注欧洲复苏,笔者可以判断对通缩的担忧以及随后的低利率是欧洲未来一段时期的政策选择,而德国等少数派的反对将是欧洲执行这一政策时的异常,也应给予充分考虑。

然后是担忧中的通缩问题。这波较为强烈的通缩担忧潮来自10月份意外降至0.7%的HICP数据。根据经典的经济学理论,CPI连跌3个月即已意味着出现通缩,与之伴生的是收入减少、物价下跌和购买力下降,进而生产受抑制,导致失业率升高和经济衰退。紧缩的货币政策通常也被认为是通缩的一个原因,而欧洲在这波讨论中的潜在通缩,笔者更倾向于是一场周期性的危机。其原因既有债务危机,也有救助中的紧缩货币政策,但根源应与欧洲经济的结构性失衡有关。德国是欧洲经济的标杆,在推行德国版经济模式时,如何解决大欧洲的经济结构失衡,似乎应给予足够的考虑。

"负存款利率"的靴子终于落地

到2013年年底,欧洲关于采取"负存款利率"的调门再次高了起来。IMF官员呼吁欧央行实施负存款利率,欧央行执委会成员阿斯姆森(Joerg Asmussen)尽管12月12日声称负存款利率不是一个可用的工具,他对负存款利率非常谨慎,但仍表态说"若出现更为不利的情况,负利率可能是欧洲央行的一个选项"。

阿斯姆森的想法并不是纯粹的个人意见。他发言的前几天，欧央行行长德拉吉曾明确表示，欧央行管委会其实已在12月5日结束的议息会上讨论过与负存款利率相关的话题。阿斯姆森的这次表态其实更像是在"放气球"，因为任何与宽松相关的议题都面临欧洲内部的政治障碍。

不过，与半年前不同的是，欧央行已经为此作了不少准备。11月初，德拉吉就曾明确表态，欧央行已经作好了技术上的准备；欧央行执委、首席经济学家彼特·佩特(Peter Praet)也表示，如果有需要提振通胀，负存款利率和资产购买都是选项。甚至有流到坊间的消息称，欧央行拟议中的准备金存款利率下调目标是—0.1%，而不是猜想的非常规的—0.25%。

经济形势也让负存款利率的实施似乎"触手可及"。2013年10月份欧元区工业产出意外环比大幅下滑1.1%，创下自2012年9月以来最大单月跌幅，远低于市场预期的小幅环比增长0.3%；工业产出同比增长0.2%，预期同比增长1.1%。连榜样德国的工业产出都环比下跌1.2%，创7月以来最大跌幅。脆弱与波折，加大了采取行动的可能。

尽管形势很差，欧央行还是又坚持了半年，"负存款利率"的这只靴子才正式落地。2014年6月5日，欧洲央行正式宣布，将再融资利率由0.25%下调至0.15%，存款利率由0下调至—0.1%，正式开始了"负存款利率"之旅。除了下调利率，欧洲央行同时还宣布了一揽子4年期4000亿欧元的向欧元区银行的贷款计划，该计划被称为有目标的长期再融资操作(TLTROS)，主要目的是希望通过该计划向该地区的中小企业提供信贷支持。

尽管实施该政策之后，欧央行有关人士的正面评价多于负面。而由于实施时间有限，尚未有更多的观察可以呈现。不过，这并不意味着"负存款利率"就是最合宜的政策选择。其实，实施负存款利率仍是个颇具风险的选择。负存款利率工具是把双刃剑，逼迫银行释放更多流动性的另一面，是银行能容忍多大的压力,以及是否能够达到预期的效果。德意志银行首席经济学家戴维·福尔克茨-兰多(David Folkerts-Landau)甚至将其称为"是对储户的一种'勒索'"。

"勒索"一词的另一层意思是,欧央行的目标是银行,银行会不会真的如央行所愿,在负利率的逼迫下,将存放在欧央行的隔夜资金取出进而投向市场。理论上的一种担忧是,银行盈利能力降低的负面后果可能是,以提高贷款利率的方式应对,这反而无助于增强市场的流动性。

这需要更多实践检验。早在欧央行之前,北欧的两个小国瑞典和丹麦都曾实施过负存款利率政策。2009 年 7 月 8 日,瑞典央行将存款准备金利率降至 -0.25%;2012 年 7 月 6 日,丹麦将其对银行业的存款证(CD)利率从 0.05% 下调至 -0.20%。事后,支持者称两国的实验对金融系统的影响很小,值得效仿。

然而,这一判断是草率的。瑞典短暂的负利率实验,即使有短期效果,也未必能作为欧央行的长期参照。丹麦的经验也是如此,尽管短期起到了阻击外国资本涌入的作用,但长期的效果仍不明朗。即使两国的实验确如支持者所称短期效果和长期效果都达到预期,也不意味着适合欧洲的整体经济环境。欧央行的负利率实验,必将面临更复杂的经济环境。

欧洲版 QE 还没那么快

尽管采取了负利率的措施,拟议已久的欧洲版 QE 却没那么快推出。直到 2014 年 7 月中旬,欧央行执委瀚森(Ardo Hansson)还在说,欧央行不会准备在近期购买 ABS,目前也没有需要大规模购买债券,"拥有更多的政策工具是没错的，但我不认为我们目前需要 QE。ABS 的购买计划是一个中期计划，不会对近期的问题有所帮助"。

这种论调近些时期常常可以看到。欧央行最大的优点是幽默。从 2013 年下半年市场一片担忧欧洲会面临通缩风险开始，我们从欧央行听到的声音大都是相反的：

比如欧央行执委科尔（Benoit Coeure）在 2014 年 3 月 12 日说，欧元区不存在通缩现象，但欧央行认为这是一种风险，将做好准备在需要时采取行动。4 月 11 日，欧央行管理委员会成员、德国央行行长的魏德曼（Jens Weidman）则说，欧元区爆发全面通缩的风险很低。

不过，外界对欧洲的担忧却日益强烈。美国财长雅各布·卢警告欧元区要特别警惕通缩风险，IMF 首席经济学家奥利维尔·布兰查德敦促欧央行立刻行动抗击低通胀，日本财相麻生太郎（Taro Aso）表示应当继续密切监控欧元区所面临的通缩风险。

可能是这些外在压力和内部数据起了作用，还是这位科尔，一个月后的 4 月 13 日，他把话锋从"做好准备"转到"将考虑"上来。他的说法是，欧央行将考虑资产购买计划，将根据中长期收益率是否被压低来决定购买量，宽松的政策目标是缩小长短期利率差。"欧元区的资产购买考虑的不是数量，是价格（收益率）。"

他的说法，被媒体称为"欧版 QE 路线图"。与美版 QE 不同的是，欧洲没有定下目标购买量，而是将购买计划"跟利率期限联系在一起"，目的在压低长期利率，将根据市场效果评估计划效果。这即是说，在面对通缩风险时，欧洲还是在考虑着谨慎的对策，避免给外界留下欧洲已经在通缩的印象。德国财长朔伊布勒则是直接给投资者期待欧洲将出刺激措施"泼冷水"，他的话是"某些人可能过度乐观了"。

还真有点"皇上不急太监急"的味道。一边是外界鼓励欧洲胆子大一点刺激多一点,一边是慢条斯理地走一步看一步。投资者也只好走一步看一步,乐观不得。不过,边走边看,还是得有一些判断。首先,我们应该有的基本判断是,欧洲的通缩风险在加大。

在2013年10月份欧元区HICP指数意外降至0.7%时,笔者就曾撰文提醒"欧洲要警惕陷入'失去的十年'"。欧洲要警惕出现日本曾经出现过的"资产负债表衰退",与之伴随的是经济噩梦。4到5个月后,经济数据仍未好转,欧盟28国2月份HICP降至0.8%,欧元区仍是0.7%,3月份降至0.5%。这也正是近期世界和欧洲讨论欧洲版QE的动因。曾经历过长期衰退的日本财相麻生太郎就认为激进的宏观经济政策值得一试,"一旦超低通胀率倾向站稳脚跟,在未来陷入恶性循环将是轻而易举的事"。

对日本财相等的警告,欧洲的认识并不统一,这就导出第二个判断,欧洲版QE不会很快推出。尽管德拉吉和欧央行各位大佬不否认存在低通胀风险,但他们并没有就马上推出QE达成共识,目前的QE仍只是个"理论概念","从理论概念到实施有很长一段距离"(欧央行管委会委员、卢森堡央行行长默施语)。他们的理由有几个:3月通胀是否改变了通胀前景还需要更多数据,欧央行还有传统工具可以使用,他们仍保留采取进一步政策行动的权利。

欧央行的谨慎,应该还有一个担忧,就是会不会影响到之前财政紧缩与削减赤字的努力。这是欧洲应对债务危机所采取的措施和药方。与美国相比,欧洲人更倾向于审慎的货币政策,不太愿意采取大规模经济刺激的方式。紧缩财政与削减赤字,其实更深层的背景是欧洲的整体治理,欧央行在决策是否经济刺激时,对之加以考量亦在情理之中。

并且,即使决策推出QE,欧洲仍要解决不少难题。欧央行执委默施

(Yves Mersch)就曾表示，实施 QE 在技术实施、风险管理和法律等方面可能仍然存在问题。一般认为，需要解决的技术难题包括购买标的、购买时机和购买量等。对购买标的来说，是购买主权债、成员国银行债券还是改进 ABS（资产支持证券，当前市场规模仅在 1000 亿欧元左右）市场私营债券，购买哪些国家的债券，能否解决问题，都需要认真考量；购买时机需要评估，需要更多的数据；购买量，按照科尔的说法，量的多少要根据价格目标确定，这同样需要测算和评估。

这些技术难题，同样牵涉到欧洲的政治，等到各国达成共识，时间可能又要过去很久了。现在还看不到欧央行有这个魄力马上采取行动。在过去的几个月时间里，欧央行并未对低通胀率采取有效措施，数据也告诉我们情况不是变好了而是看起来更糟了。不过，欧央行给我们的印象仍是胸有成竹："情况还没那么糟，我们还有很多手段没有用，我们还在进一步评估中。"事情真的是这样子吗？

第十章 欧央行要当"超级监管者"

　　尽管各方意见各异,但不可否认的是,这是历史上统一监管欧洲银行业的最好时机,也是建立欧洲银行业统一规范标准的最好时机。

　　欧债危机,银行业是危机爆发的首要突破口。借危机整合欧洲银行业资源,并从各国手中夺回银行业监管权,成为欧央行近些年的重要工作。欧央行的图谋是,既有效监管这 6000 多家银行以及相应的金融机构,又从制度上对银行业进行规范,单一监管机制和单一清算机制就是欧央行的"创举"。这是防范债务危机的需要,更是欧央行权力的体现。本章,笔者先重点谈一下欧央行监管的困难,然后就银行业的问题再作些探讨——除了欧央行层面的努力外,银行业也需要自我救赎。

欧央行想同时监管 6000 家银行

　　路透社记者格雷(Stephen Grey)2012 年 6 月在雅典参加会议并与希腊调查记者 Tassos Telloglou 会面时,遭到数小时的跟踪监视。跟踪者据称受人雇佣,每天 100 欧元,动机不详。

一位记者被跟踪，即使在西方新闻环境下，也并不罕见。之所以这里重提，是想提醒大家注意：格雷曾撰写过多篇关于希腊银行业管理问题的文章。

看到这个关键性细节，相信欧盟委员会主席巴罗佐、欧元集团主席容克和欧央行行长德拉吉都比记者格雷更担忧。因为就在之后不久的 2012 年 6 月 30 日，欧盟领导人在布鲁塞尔召开的欧盟峰会上弱化分歧达成三项共识，其中之一就是同意欧元区永久性救助基金"欧洲稳定机制"（ESM）可直接向成员国问题银行注资。而几乎与此同时，由巴克莱银行引发的 Libor（伦敦银行同业拆借利率）操纵案，又给这个共识的落实蒙上一层阴影。除了不在欧元区的巴克莱银行外，德意志银行等也因此受到调查，并且，"丑闻之火"已经烧至华尔街。

这可不是好苗头。格雷被跟踪和 Libor 被操纵，暴露的正是欧洲在银行业监管上的不足和无力，也显示出欧洲在解决主权债务危机时所面临的潜在风险。欧元区的财政官员们普遍认为，对这一风险的补救措施是，加强对欧元区银行业的统一监管，建立一个从属于欧央行的机构，由该机构全权负责监管欧元区最大的约 25 家银行或系统性银行（范龙佩和奥朗德建议覆盖所有银行）。

事实上，注资与统一监管，正是问题的两面，也是欧元区各国在此次欧盟峰会能达成妥协的基本前提。然而，欧央行能否当好超级监管者，并不取决于能否从形式上建立对大银行或系统性银行的统一监管机制，而是取决于能否取得实质性的监管权，取决于欧央行能否真正实现中央银行所应有的基本职能。换句话说，欧央行在充当超级监管者方面，仍存在相当大的风险。

欧央行需要取得欧元区各成员国金融权的实际让渡。德国等国同意ESM 向问题银行注资的前提是，欧央行实现对银行业的统一监管。而统一监管即意味着各成员国要让渡金融权。目前的现实是，各国对让渡金融权心存疑虑,即使是一再坚持以统一监管作为注资前提的德国,也不乏谨慎声音,代表该国 400 余家银行的储蓄银行协会认为,诞生一个泛欧的欧央行监管体系不合适。

倘若得不到各国的充分授权,蹩脚的欧央行的统一监管也将无从谈起;即使在危机的情势下各国让步,欧央行也难以避免遇到监管无力的窘境。尽管欧央行一直避免担当最后贷款人的角色,但行使统一监管权后,将极有可能成为事实上的最后贷款人。又由于欧央行只是松散的欧盟框架下的产物,尽管具有行使超国家货币政策的权力,但由于各国分散的政治和外交权(对各国政客而言,任何一个潜在利益的实现,都要比偷偷牺牲欧央行来得重要),欧央行难以避免要应对更复杂的道德风险。这些风险,可比格雷被跟踪要严重得多。

更大的风险在于,一旦欧央行被绑上被迫担当最后贷款人的战车,在面对类似本次欧债危机这样的大危机时,是否有能力充当最后贷款人,仍要打个问号。欧元区 17 国 6000 多家银行,每一家都埋着潜在的地雷,一旦监管不力、地雷引爆(纵观经济危机史,地雷被引爆常常只是个时间问题),欧央行的可使用资金量将受到考验。倘若大规模启动货币超发,是否能有效地管理通胀,对欧元区而言可是头号政治问题。这不仅关乎欧洲各国民众的福祉,更关乎寄予光荣与梦想的欧盟的存续。

还有一个值得考虑的问题是,行使统一监管权的欧央行,是否能获得与之相匹配的过错处罚权。在当前背景下,犯错误的金融机构所受到的处罚常常可用轻描淡写来描述。在新的监管框架下,欧央行统一监管权的行使,正取决于其处罚权限的大小。

事实上,统一监管只是欧元区庞大政治规划的一小步。根据范龙佩(Herman Van Rompuy)的设想,欧元区乃至整个欧盟地区,将逐步实现金融市场联盟、财政联盟、经济联盟以及政治联盟的目标。而就范围更小的银行业联盟而言，欧元区范围内的存款保险机制和清算机制，也还未获得突破性的讨论。先监管还是先救助的争论仍在持续，同样持续着的还有不断恶化的主权债务危机。

银行业联盟"三步走"框架确立

2012 年 10 月中下旬，欧盟在布鲁塞尔召开的首脑峰会重点干了一件大事，就 2013 年开始对欧元区 6000 家银行进行单一监管达成初步共识：欧盟各国同意在 2013 年 1 月 1 日完成银行业单一监管机制的法律框架文件的编制，然后在 2013 年整年的时间里对这些文件逐项落实。

共识的取得可不容易。从 10 月 18 日下午 4 点开始一直讨论到 19 日凌晨 2 点，各国尤其是德、法两国终于统一认识。法国提出的全覆盖 6000 家银行的监管方案被采纳，而不是德国提出的系统重要性银行监管方案。法国承认 2013 年年初就实现监管的目标已不可能实现，新的妥协方案放宽到 2013 年整年落实，更符合德国的"渐进论"。

欧洲银行业联盟的建立迈出了关键的第一步，市场普遍解读说。根据欧盟公布的提案，理想中的银行业联盟计划"三步走"：赋予欧洲央行对欧元区所有银行的监管权，欧元区以外的欧盟国家的银行可以自主选择是否加入这一监管体系（单一监管机制）；由银行自己出资设立一个基金，以应对可能出现的银行破产清算（银行清算机制）；建立一个健全的存款保险机制，从而在银行破产或重组时保护欧元区储户的利益（存款担保制度）。

然而，这关键的一步还只是就时间表达成了共识。在随后的两个多月时间里,欧盟需要编制出各国一致同意的法律框架文件,并在 2013 年整年里把这些框架文件落实到各银行。这无论从哪方面看都像是一个难以完成的任务。编制各方认可的统一的文件倒不难,难的是如何能有效地对 6000 家银行进行切实的监管。与主权国家不同,欧洲银行业分属不同的主权实体,监管的难度与成本远远超出主权国家。可以预料的是,多头监管、低效监管,将会伴随落实后的单一监管机制。

接下来的演进或许是,在防范欧洲金融风险、推进经济一体化目标下的银行业单一监管方案,沦落为欧盟与欧洲各国对金融权力的重新分配游戏。在权力的重新分配中,有几个当前急需要厘清的关系:各国现有的金融监管机构权限如何划分,2011 年才成立的欧洲银行监管局在新成立的单一监管机制中占何种地位,拟议中的银行业联盟与欧央行的关系如何设置,非欧元区银行加入监管机制后该如何表达声音、承担义务等。

根据之前的设定,欧洲稳定机制(ESM)向困难银行注资的前提是银行业单一监管机制得以实施。鉴于此,市场对单一监管机制的初步共识给予了正面解读;而硬币的另一面则是,欧央行究竟需要为单一监管机制承担多大的成本,或者说欧央行是否有能力承担这些成本。单一监管权的获得,既放大了欧央行的权力,也增大了欧央行的责任与负担。欧央行升格为事实上的最后贷款人,也将为潜在的道德风险承担责任。并且,原本承担宏观审慎监管职责的欧央行,又要开始承担微观审慎监管职责,如何保持独立性,也是个值得考虑的问题。

另一个并不潜在的问题是,欧洲的单一监管机制,将在所监管的 6000 家银行中介入多深。介入太深会否压抑到银行的盈利能力?介入太浅又是否能起到相应的风险防范责任?并且,单一监管机制又该如何防范由成员国政治和财政紧张而引起的对被监管银行的侵袭,又该如何防范成员国与成员国银行之间的"共谋"？抛开"阴谋论"，在危机的大背景下，监管的合理性受到较少的质疑，盈利的诉求被政治压抑，而一旦走出危机，又如何能在合理监管与盈利保护之间取得平衡？

上述诸多疑问的提出，并不意味着否认欧盟在布鲁塞尔干了一件大事的事实。这是欧盟建立银行业联盟的第一步，也是欧洲践行金融一体化乃至经济一体化的重要一步。欧盟在银行业的监管介入，有利于分离政府救助与银行救助，打破银行危机与主权债务危机的恶性循环，防范因银行业危机而给整个金融系统带来的致命冲击。

然而，不可忽视的是，银行业联盟需要相应的财政联盟来匹配，拟议中的欧洲经济政府，应得以切实的推进。即便如此，随单一监管机制乃至银行业联盟而来的债务共担，仍可能成为套在无辜的勤奋的那部分欧洲纳税人身上突如其来的枷锁。

银行业统一监管说易行难

欧元区银行业统一监管又如期向前迈了一步：在欧盟峰会召开前的2012年12月13日凌晨，欧盟财长们经过近14个小时讨论，终于就2014年3月1日之前建成欧洲银行业单一监管机制（SSM）达成一致。根据协议，欧洲央行（ECB）将对资产超过300亿欧元或资产占到所属国GDP 20%以上，或者至少在两个国家运营的大型银行实施直接监管。其他欧元区小型银行将继续由所属国的监管部门负责，但也要接受欧洲央行监督。

这已是一个折中方案。根据法国莫斯可维西之前的建议，欧央行应该对辖区内的6000家银行进行监管，而德国财长朔伊布勒既不愿意过于让渡银行业主权,又担心这一方案最终将使德国成为提款机,故倾向于只监管那些系统重要性银行,并期望保留德国对社区储蓄银行的主要监管权。最后达成的,则是欧盟轮值主席国塞浦路斯 12 月 10 日提出的折中方案。

协议的最终达成,最大的意义是告知世人,欧盟雄心勃勃的银行业联盟计划,正按照拟定的时间表推进,尽管这还只是走了形式上的一步(另两个有待推进的是清算机制和担保机制)。从 5 月 23 日巴罗佐首次提出"欧洲银行联盟"概念以来,银行业治理因其对欧洲经济的重要性始终是架构后危机时代的焦点议题,各国尽管不乏争吵,却也不忘了修正立场、趋同共识。

尽管各方意见各异,但不可否认的是,这是历史上统一监管欧洲银行业的最好时机,也是建立欧洲银行业统一规范标准的最好时机。从稍长点的时间跨度看,欧债危机凸显了银行业的问题,银行业自身的危机又加大了欧债危机的解决难度。欧洲银行业既受害于债务国,又把这种危机传导给整个欧元区,这正是加强统一监管的逻辑基础。同时,欧债危机的加剧客观上又降低了欧盟统一财政的博弈成本,也为统一的银行业监管提供了可能。

以上是统一监管的可能性分析,而现实中的欧央行,仍需要解决以下两个亟待解决的问题。其一就是欧洲银行业遭遇的整体性信任危机。由于主权债务拖累,欧洲银行业遭遇整体风险。据有关人士依据国际清算银行的数据测算,欧洲银行业持有"欧猪五国"①约 3400 亿欧元主权债务,约占其公共债务总额的 12%,欧洲银行业对"欧猪五国"总计风险敞口约 4000 亿欧元。这导致的直接后果是,欧洲银行业的债务质量下降,融资成本上升,同业拆借

---

① 欧猪五国(英语:PIIGS),亦作黑猪五国或五小猪国,是某些国际债券分析者、学者和国际经济界媒体等对欧洲联盟五个相对较弱的经济体的贬称。这个称呼涵盖葡萄牙(Portugal)、意大利(Italy)、爱尔兰(Ireland)、希腊(Greece)、西班牙(Spain),特别指各国的主权债券市场。

成本也随之上升,社会资本逐渐流出,进而影响到欧洲经济的复苏。

同时,由于流动性吃紧,再加上《巴塞尔协议Ⅲ》(Basel Ⅲ)的新要求,欧洲银行业普遍存在补充资本金的需求(根据 Basel Ⅲ,截至 2015 年 1 月,全球各商业银行的一级资本充足率下限将从现行的 4％上调至 6％,由普通股构成的"核心"一级资本占银行风险资产的下限将从现行的 2％提高至 4.5％),又为银行业信用的恢复设置了障碍。

其二,欧央行要防范主要银行在去杠杆化过程中对经济稳定可能带来的风险。高杠杆化,是这波由美国肇始的金融危机的典型特征,金融衍生品是风暴的中心。近段时间成为媒体焦点的德意志银行(Deutsche Bank),被检举的正是一款名为"杠杆超高级交易"(leveraged super senior trades)的结构性衍生产品,检举者称该产品导致的高达 120 亿美元的亏损没有入账,从而让德银陷入窘境。

德意志银行的这桩被揭发出的旧事如何演绎尚不清晰,清晰的是欧洲银行业正在主动或被动地做的是:去杠杆化。据 IMF 2012 年 4 月份发布的《全球金融稳定报告》模拟,到 2013 年年底,大型欧盟银行的合并资产负债表的缩减规模可能将高达 2.6 万亿美元(2 万亿欧元),接近总资产的 7％。其中约 1/4 的去杠杆化将通过减少贷款实现,其余则主要靠出售证券和非核心资产实现。去杠杆化的一个显著影响是,欧洲乃至世界主要经济体受到冲击,要减少这一冲击,来自外部的注资则必不可少。

而在面对这些风险的同时,旨在统一监管的银行业联盟计划,仍在缓慢推进着。欧盟的未来需要健康的银行业,债务危机恰恰给了断腕自净的契机。其时,陷入深度危机的欧洲乃至世界,又在酝酿新一波宽松浪潮,切莫让可能的流动性宽松乱了银行业方寸。

单一监管机制难防"道德风险"

欧央行统一监管银行业的筹谋又取得关键性的进展。2013 年 10 月 15 日,欧盟财长会议正式批准同意建立欧洲银行业单一监管机制。据称,总部拟设在德国法兰克福的单一监管机制将拥有银行破产和关闭的最终决定权,并将配套设立存款保证体系以确保储户和投资者的投资安全。预计这一机制将于一年后即欧盟各国完成审批程序后正式建立。

为干成这件了不起的大事,欧盟各国讨论和争吵了 13 个月。上一个节点是 2012 年 10 月份,当时同意就单一监管达成初步共识,经过近一年时间对法律框架文件的编制和完善,才过了欧盟财长会议这一关。根据当天的议案,单一监管机制将于 2013 年 11 月生效,监管的范围是资产超过 300 亿欧元或资产超过所在国 GDP 20% 以上的银行,而把较小的银行交给各国监管机构。

这一范围小于拟议中法国提出的监管 6000 家银行的方案。法国等国的设想是不分国别对疲弱银行一概予以支持,德国则担忧负担太重拒绝让步,而最终采取了谨慎的态度。即使这样,根据上述标准,纳入第一阶段的符合条件的银行也有约 130 家,倘若基于年底的资产负债表,这一数字可能还会更大。下一步则是根据规划对这些银行进行压力测试。时间安排是,2013 年公布如何进行压力测试,2014 年将进行正式测试。

欧央行希望通过测试,对这些银行所面临的风险有个全面的了解,从而减小正式监管之后的风险。鉴于之前的教训(爱尔兰银行业曾在测试中蒙混过关,而在通过不到数月就出了大问题),尚未进行的 2014 年的压力测试可能会更为严格,据说将严格遵照《巴塞尔协议 Ⅲ》的标准。这在某种程度上也增加了市场的担忧。市场担忧会有更多银行通不过压力测试，从而给金融市场带来动荡。

这些担忧不无道理。欧洲银行业当初的危机除了地产等产业的泡沫（如西班牙），挟"全能银行"功能高杠杆运作、跨业经营、过度金融创新外，主权债务所带来的危机也是一个主要因素。而最近的数据显示欧洲银行业主权债务的风险敞口又进一步加大，截至 2013 年 8 月底，政府债券占银行业总资产的比例，在意大利已超过 10％，2012 年年初为 6.8％，西班牙已从 2012 年同期的 6.3％上升至 9.5％，葡萄牙由 4.6％上升至 7.6％。整个欧元区的占比从 2012 年年初的 4.3％上升至 5.6％。

这些数字意味着银行业的风险再次加大。主权债务风险敞口的加大将直接对 2014 年欧央行即将开展的压力测试带来冲击。这还不是最要害的，主权债务风险加大对单一监管机制的更大危害之处则在于，欧央行将不可避免地承受更大力度的道德风险。根据拟议中的规划，单一监管机制的建立，是 ESM 注资问题银行的前提。欧央行是否有能力对纳入监管范围的银行的道德风险加以防范，则成为注资之后的难题。倘若做不到这一点，这些归各国所有的大银行不仅会成为欧央行的负担，还会成为再度引爆欧元区债务风险的导火索。

其实，这一风险也已被考虑到，只不过各国并未就此达成一致意见。2012 年 6 月底的欧盟峰会，公布了允许 ESM 直接注资银行业的方案，出乎市场预料。在最近的讨论中，西班牙等国也建议在压力测试后设立共同资金池，该资金池也可源于现有 ESM 机制。这一提议引起德国警惕，德国认为应该由问题银行所在国先行救助，之后 ESM 才能考虑介入。这些意见的不同背后，是万一将来有风险，风险该由谁承担的问题。问题是：倘若风险由德法为主的 ESM 以及欧央行承担，它们是否有这个承担能力；而倘若由各国承担,又是否会加剧各国的债务风险。

在接下来的时间里,各国还会继续就此争论,而要争论的还有被称为银行业联盟第二支柱的单一清算机制。用通俗的话说,这两个需要继续讨论的问题就是该如何拯救或关掉困难银行。巴罗佐认为当务之急是建立单一清算机制,并与基金、银行清算工具和存款保险的单一规则达成一致。其实,这些都很重要,更重要的或许是,各国该如何缓解或解决困扰已久的主权债务危机。

单一清算机制偏离时针

争论归争论,还是有了成果。2013 年 12 月 18 日,经过紧张讨论,欧洲各国同意建立一个共同的救助银行的专项基金。这意味着欧洲建立银行业联盟的第二步已经取得了形式上的进展。继同意建议单一监管机制之后,各国终于就单一清算机制(SRM)达成了协议。

根据欧盟财长们近半年艰难谈判达成的协议,这个专项基金的部分细节已经明确:基金来源于对欧洲各银行的征税,计划 10 年内筹集 550 亿欧元(约合 760 亿美元);基金的运作权将赋予一个新成立的董事会,成员包括一名执行董事、四名全职指定人员和当事银行所在国的一名代表;解决破产银行问题的决策一旦出台,如果没有来自欧盟理事会的多数反对,将在 24 小时后正式生效。

尽管外界对这些协议仍有不少疑虑,但这并不能遮掩欧央行统一监管银行业的雄心。新达成的协议解决了三个问题:资金池如何建、资金如何运作以及决策的生效机制。根据新的协议,各国银行是资金池的主要贡献者,各国银行将陆续把资金注入本国各自的资金池中,然后再汇集成一项欧洲基金，且确保 2026 年基金全面运作时，能够达到预想中的规模。

争吵达成的协议，在运行时仍难免继续争吵的命运。根据新的运行机制，新的董事会将作出决策。但银行救助或破产的决定又是如此之重要，董事会的决策还要经过欧盟委员会认可，如果得不到认可，则需要最终由欧盟财长作出决定。有人做了个统计，一项决议要完整通过，整个流程涉及多达 148 人投票或批准。

"决策过程太过复杂，而且后备措施缺乏不确定性，我们不要期望它能带给我们太多信心。"瑞典财长安德斯·博格（Anders Borg）的话虽然悲观，但也切中要害（协议因此确立了紧急决策的 24 小时限制）。另一个担心就是资金：是否能筹集到足够的资金，以及筹集的资金是否够用。

就是否能筹集到足够的资金问题，财长们希望由银行股东和债权人承担银行破产的大部分费用，且主要依赖于各国的清算基金。在过渡期，由 ESM（欧洲稳定机制）提供现有支持，当清算机制完善后，由清算机制解决资金的问题。问题是，这一过程需要 10 年时间，没人能预料这期间会有多大的变数和不确定性。并且，规划中的 550 亿欧元资金总量能够承担起银行业的风险吗？

或许其象征意义超过实际。550 亿欧元的清算机制，存在被耗尽的风险。据说，仅盎格鲁—爱尔兰银行（Anglo Irish）倒闭引发危机即损失 300 亿欧元；2007 年到 2011 年 4 年间，美国联邦存款保险公司已因银行事故累计损失 880 亿美元。当然，因银行业危机导致的损失也未必都由清算机制负责，并且清算机制的介入更多的是在危机防范阶段，寄望的是四两拨千斤的解决手段。不过，最好寄望于不出现多点或面上的银行业危机，以及系统性的恐慌。

钱是不是够用是一个问题，钱的来源还有另外一个问题。根据新的制度安排，资金来源于各国资金池，而各国资金池又由各主要银行承担。这与银行业联盟的设立初衷背离。银行业联盟的设立,目的就是打破银行与所在国政府之间的恶性循环,避免因银行业的问题而导致所在国政府濒临破产。而根据清算机制设定,资金仍来源于银行所在国,所在国很容易理解为"只不过是以权利让渡的代价实现了'专款专用',以及欧央行潜在的最后贷款人背书"。对背负巨额债务的所在国而言,是否会在限定的时间内筹集足够的资本,并把资金池移交给欧央行,仍存在相应的制度障碍。

单一清算机制推进艰难。2014 年 3 月 20 日,欧洲议会、欧盟委员会和欧盟理事会经过长达 16 个小时的谈判,终于就银行业"单一清算机制"规则达成一致。根据三方讨论结果,为帮助纳税人从救助问题银行的负担中解脱出来,将成立总额约 550 亿欧元的专项救助基金。该基金由参与该机制的银行缴纳,通过 8 年筹集,比之前预置的 10 年期限缩短 2 年。欧洲理事会主席范龙佩发表声明称这是完成银行业联盟的关键一步。4 月 15 日,欧洲议会通过了银行业单一清算机制法案。

尽管偏离时针,"单一清算机制"的协议达成仍不失为银行业联盟取得的重要进展,为"单一监管机制"的正常运行扫除了一点基础障碍。接下来的时间里,欧央行仍需要就资金池的充实和资金的使用机制等议题与各国协调。争论仍会需些时日,8 年时间应该足够了。不过,在争论时,别忘了银行业联盟的设立初衷:切断危机银行与所在国政府的恶性循环链条。

尽管欧央行下足了力气要统一监管,欧洲银行业问题却还总是不断。2014 年 7 月 3 日,又有银行出事情了:奥地利第一储蓄银行因旗下匈牙利和罗马尼亚等东欧业务部门需要大幅提高贷款损失准备金,而将今年的贷款损失准备金从原先预期的 17 亿欧元大幅上升至 24 亿欧元。这将导致该行今年出现 14 亿至 16 亿欧元的净亏损。该消息直接导致欧洲银行股整体下跌。之后 3 个交易日,欧洲股市银行板块累计下滑超过 6%,跌至 5 个月低点,创 13

个月最大跌幅。

这还不是孤案。无独有偶，在此前后，德国商业银行、德意志银行因违规交易被美国监管部门重罚，法国巴黎银行也收到一张近 90 亿美元的史上最高罚单，同时受罚的还有葡萄牙银行业。一边是银行从业者高薪，一边是危机和事故不断，尤其是在欧债危机尚未远离欧洲还徘徊在经济低迷的状态时，这种反差更让公众难以接受。银行业的罪与罚，都值得探讨。

该不该给银行业发高薪

对银行业，最让公众所不能接受的是，既然面临危机，为何这个行业的从业者依旧拿着高薪、过着优哉游哉的生活（这一质疑也一度曾是中国的热门话题）。对银行业高薪的指责，曾经一度很是激烈。比如巴克莱（Barclays）董事会薪酬委员会前任主席埃里森·卡恩沃思（Alison Carnwath）2013 年年初就曾愤怒地指责说银行家的报酬水平已高至"无耻"的地步。她曾反对发给因 Libor 操纵案而辞职的前首席执行官鲍博·戴蒙德（Bob Diamond）270 万英镑的 2011 年年终奖，因股东回报率太低，希望戴蒙德作出表率。

作为对公众的回应，欧洲投行决定将 2012 年的奖金总额削减 20％。据估计，包括巴克莱、瑞信（Credit Suisse）和瑞银（UBS）在内的各家银行，计划将 2012 年总奖金最多削减 15％，投行部门降幅接近 1/5。同样卷入 Libor 操纵案的苏格兰皇家银行（RBS）也承诺削减奖金。

这是一项现实的选择。普遍认为，银行从业者的贪婪与不节制，是造成金融危机的重要诱因。金融危机把整个经济带入风险中，至今仍在危机状态下徘徊；而给公众带来危机的银行家，却常常享受着高额的薪酬及奖金，且常常可以逃脱对他们的追责。他们不配享受如此高薪。正是这一逻辑,银行业高薪开始受到公众更多诟病,欧洲乃至他们的竞争对手华尔街都概莫能外。

关于降薪的一个最有力的说辞是,这将拉大欧洲银行业与美国银行业的薪酬差距,进而降低欧洲银行业的竞争力。根据近些年的实践观察,银行尤其是投行部门,靠高薪留住优秀员工已成为行业惯例。银行需要优秀人才产生更多的价值,从而使银行走出低谷,但在面对薪酬话题时,又要照顾到股东和公众的情绪。低薪酬到底会降低多少竞争力,仍是银行业为之困扰的主要话题。

高薪呢?对高薪的诟病是这波金融危机发生后的主要衍生产品。在这些批评声中,有一点是值得重视的,那就是高薪在增强银行业竞争力的同时,所面临的道德风险。银行业需要高端人才来创造更大价值,之前的操作模式基本上是沿袭着这样的思路,但这一思路的最大风险是交易员往往会为了更大回报铤而走险(美国金融危机调查委员会的报告证实,正是股票期权分红制度使得各大金融机构大量使用金融杠杆来提高其收益),赌赢则意味着腰缠万贯,赌输的结果却是其所在银行的灾难。且不论他们给全球银行业放进了多少有毒债券,看看近些年倒闭的那些老牌银行,又有多少不是"天才交易员"的杰作?

当然,把一家银行的倒闭仅仅"归功于"某个交易员有失公允,但交易员为谋取更多佣金而采取的赌博式的业务模式,又何尝不该引起重视?这对某家银行的教训是,当董事会启动高薪刺激新的业务拓展时,如何对交易员的交易进行有效监管是个很大的考验。因为,这一监管并不容易。银行通常难以吸引到具备监管能力的高端人才,即使拥有足够分量的监管人才,有效平衡监管与效率的关系又是一个重要的难题。银行需要在监管与效率之间寻求有效的平衡,也需要为这种平衡提供一项灵活有效的制度设计。

然而，对某家银行而言，上述设想又太过理想化。尽管个体银行很难在监管与效率之间找到平衡，但让其放弃高薪策略从而压抑交易员的冒险冲动，也是一个很难完成的目标。这意味着在竞争市场内主动自废武功。从这个角度，就很容易理解为何巴克莱、瑞信等银行在降低薪酬时仍显得忧心忡忡。

不让个体银行忧心忡忡的选项之一，是建立行业性的薪酬调节机制。该机制既要确保薪酬照顾到银行员工、股东、监管者、公众各方的诉求，又不能抑制整个行业的效率与活力。

利率操纵游戏与道德风险

其实，对所谓高薪的指责，只是银行业遇到困境的一个表象。放开高薪不提，欧洲银行业的困境，除了要从体制上进行风险隔离外，还要防范风险偏好和道德风险。这其中，高杠杆和利率操纵，都是欧洲银行业常见的问题。接下来笔者将从这两个方面谈起。

先看利率操纵案。2013 年 8 月 3 日，《每日电讯报》又披露出新证据，据美国商品期货交易委员会（CFTC）调查，15 家银行涉嫌串谋货币经纪商发出足以操纵 ISDAfix 指数的交易指令。据说，随着 Libor（伦敦银行间同业拆借利率）操纵案的曝光，银行之间的电话和 E-mail 记录相继被披露，一些证据开始指向 ISDAfix 利率指数（基准掉期利率），包括巴克莱、花旗以及苏格兰皇家银行在内的多家机构雇员已经被证实接受 CFTC 询问。

早在 2013 年 4 月就有 CFTC 进行调查的消息。尽管如此，这一消息还是引起了公众兴趣。从 Libor 到 ISDAfix，一向被信任有加的基准利率，成为操纵与腐败的代名词。Libor 的最新进展是,被英国银行公会以 1 美元卖给美国的纽约泛欧交易所集团,新老板期望通过变化和改革来重拾失去的信誉。而 ISDAfix 的丑闻,还处在继续发酵中,那些被提及的金融机构,会再次面临一波危机。

这是 CFTC 调查可能引发的影响。尽管公开信息并未指向巴克莱、苏格兰皇家银行等金融机构涉案,但这对处于寒冬中的欧洲银行业来说仍不啻于雪上加霜。Libor 操纵案曾让巴克莱银行、瑞银集团、德意志银行等多家银行灰头土脸,从美国而来的 ISDAfix 操纵案可以预料会给正在去杠杆化中的欧洲银行业的复苏蒙上新的阴影。

欧洲银行业所面临的这些困境,尽管有着原罪般的咎由自取,但这还只是问题的一部分。从某种程度上说,利率操纵案折射着现有国际金融体系的荒谬。一般认为,公正、诚信是金融行业的基本价值观,利率应由市场决定而非认为决定。利率操纵案告诉市场,这些只不过是虚幻的想象,建构在其上的国际金融体系,不过是金融秩序的一种选择,并不是想象中的道德的选择,对金融体系的道德的想象更多的是人们的自我催眠。

从睡眠中醒来后看到的世界,才更接近于事实真相——利率甚至汇率的被操纵,是伴生历史的大概率事件。尽管如此,人们还是更愿意用新的虚幻来蒙蔽自己的眼睛,因为真相总是太过残酷。对利率操纵案而言,新的虚幻主要从以下两方面营造:

重拾 Libor 或 ISDAfix 等基准利率的信任。被操纵最直接的后果是信任缺失,而解决信任缺失的办法是解决利率形成机制的缺陷。比如 Libor 定价机制,之前的操作模式是 20 家银行上午 11 点提交借贷利率估值,然后得出当天的 Libor 利率,其缺陷有二:无法保证银行数据的真实性和容易被操纵。而被认为是替代 Libor 的选项之一的 ISDAfix 利率,由国际互换和衍生品协会以及路透社一起合作创建,也是通过各大银行每天早晨向银行间货币经纪公司报出不同货币利率互换的报价来形成。这既需要从报价银行数量、报价方式等方面着手,也需要解决银行的混业经营问题。

加强监管。这似乎是各种金融风险屡试不爽的灵丹妙方,但却总以希望开始失望结束。尽管如此,加强监管仍是目前难以替代的解决办法——Libor即因异常未引起关注而纵容巴克莱等投行继续铤而走险,比如从 2007 年 8 月至 2008 年 10 月,巴克莱与美联储就 Libor 相关问题沟通过 10 次之多。可以想象,监管力度加大是之后的主要选项,比如强化信息披露、加强报价监管等,以降低操纵的可能。

其实,上面所能营造的也只是虚幻世界的一部分。营造的程度好坏取决于时间,也取决于博弈。这就像火山,只要新的国际金融体系尚未确立,围绕其的博弈就不会停止而进入稳定期。比如,Libor 利率当时的操纵行为,早已被美国监管机构所知晓,但却一直引而不发。这是一场游戏,在这场游戏过程中谁都不用太认真,尤其是当你试图参与市场时,要认识到,利率操纵行为是常态,问题是你能总是跑在它前面吗?

重罚仍难以解决操纵难题

2013 年 12 月,利率操纵案的又一只靴子落地。据路透社报道,欧盟委员会对参与操纵 Euribor 和 Libor 的多家大型投行处以 17.1 亿欧元(23 亿美元)的罚款。据说这是欧盟此类反垄断罚款有史以来的最高纪录。有 8 家银行接到了处罚通知,花旗集团、德意志银行、苏格兰皇家银行、摩根大通、巴克莱银行以及法兴银行承认违规,法国农业信贷银行拒绝以此了结,汇丰银行也提出了异议。

欧盟的处罚行为与 8 家银行的态度,是分析监管与被监管者之间博弈的天赐样本。在分析这点之前,笔者想先明确一个基本观点:利率操纵行为是常态。这么判断的前提是 Libor 报价机制存在明显的操纵漏洞。Libor 的形成机制是,先是进入范围的银行向英国银行业协会(BBA)报价,BBA 去掉 25% 的最高报价和 25% 最低报价之后算出的平均值后,得出 Libor 的最终价格。该报价的初始报价取决于银行,也自然存在操纵的空间和可能。

既然有操纵的空间与可能,银行不暴殄天物自然有其缘由。监管者在设定制度规范时,亦就此有充分的认识:这本是猫与鼠的游戏,公信力是被绑架在祭坛上的贡品。即使是新的替代机制,也难以避免机制自身天然的缺陷。监管者的职责是,监控跟踪机制的运行,并在其偏离航道时给予及时的校正。而当这一偏离过渡到损害整个系统的运行时,监管者祭出重拳就在情理之中。这正是此次欧盟委员会重罚 8 家银行的背后逻辑。

首先,重罚有着很好的由头。欧债危机的根源是欧洲的经济模式危机,是欧洲的结构性危机,解决危机的根本之道是调整欧洲经济发展模式。尽管如此,作为债务危机副产品的银行业危机,却站在债务危机的前台。混乱无序的欧洲银行业,也加剧甚至恶化了债务危机的风险。重新梳理欧洲银行业,是欧洲治理债务危机的重点选项,利率操纵丑闻正彰显着这个行业的丑恶与贪婪,欧洲需要一场严厉的处罚传递治理的信心与决心,更需要一场严厉的处罚告知世人:我们不仅在努力,我们还在玩真格的。

其次,重罚契合了欧洲对银行业统一监管的政治需要。欧洲以治理银行业乱象为由头,启动单一监管与清算机制。这是欧洲对金融权的一次收权行动,通过单一监管实现欧洲对银行业的监管与控制。目前已正式启动单一监管机制,单一清算机制也在讨论中,2014 年将启动欧洲银行业的压力测试。

早些敲定利率操纵案的处罚结果，很有必要。最起码，在银行业统一监管问题上，欧央行需要轻装上阵，需要提前扫清不必要的障碍。

还有一个值得留意的信息是，欧盟委员会这次处罚的银行，涉嫌操纵的不仅是 Libor（伦敦同业拆借利率），同时还有 Euribor（欧元同业拆借利率）。尽管笔者没有充分的证据证明这其中有着另一番图谋，但从这两个制度安排可以看出 Libor 的尴尬。Libor 是老牌利率机制，是依托英国银行业协会而存在的机制，而新的 Euribor 则由欧洲银行联合会（EBF）发布。两个利率机制在欧洲的同时运行，其中一个让另一个有多尴尬，尚不便过多猜测，但不可避免的是，二者必然会出现定价的不匹配。这种不匹配会否成为二者在未来存在的根本性因素，还需要观察。

不过，与之相关的结果已经较为清晰。Libor 的公信力遭受重创，并被英国以 1 美元卖给了美国的泛欧交易所。欧盟对涉案的银行也开始了巨额罚单。下一步，不管是被卖掉的 Libor 还是 Euribor，都面临改革，比如增大采集范围，并为防范银行间串谋设置更安全的防火墙。但这些都是技术层面的修修补补，围绕同业拆借基金利率的跨国间博弈，仍在继续。

去杠杆化也是当务之急

2013 年 7 月下旬，欧洲银行业再次得到风险警示：苏格兰皇家银行（RBS）的一份报告称，欧洲银行业需要大幅收缩资产负债表，才能确保承受另一场金融危机。紧接着，传出德意志银行拟关闭在华零售业务的消息。

随后，笔者就此话题与本报负责外资银行报道的记者付碧莲作过简要沟通，她猜测说两个新闻更像是碰巧在一起的。她在采访时得知，德意志银行关闭中国市场零售业务从几年前就开始了,这次更多的是为了缩减资产负债表内的不良资产。根据公开信息,德意志银行准备缩减20%,将资产负债表规模降至1万亿欧元以下。

要说德意志银行等外资银行关闭在外部分收益不良的业务是为了减少成本的话,苏格兰皇家银行的报告更多地立足于防范整个欧洲银行业的风险。RBS的经济学家计算说,目前欧洲银行业的33万亿欧元资产大约占欧元区全年GDP的3.5倍,一旦出现危机,政府将无力应对。至2016年,欧元区银行业必须至少削减2.7万亿欧元资产。

RBS经济学家遵循的思路还是去杠杆化。自2012年中期以来,欧元区银行业资产负债表规模已缩减了2.4万亿欧元。RBS认为这还远远不够,接下来还需要削减差不多规模。其实,RBS的经济学家也意识到,欧洲银行业削减资产负债表也正在面临着两难:不这么做积累着长期风险,而这么做却难免对实体经济带来影响。

这正是欧洲银行业当前面临的两难困境。一般认为,高杠杆化是银行业危机的重要根源,但对目前的现实而言,如何去杠杆化则考验着欧洲和各国监管当局以及6000多家银行。首先,从银行业来看,包括德银、RBS在内的欧洲各银行需要就如何降低资产负债表加以思量。

根据传统做法,去杠杆化一般有三种方式:减少资产、主动收缩资产负债表,即通过出售风险资产来偿还债务,直至资本储备足以支撑其资产负债表;吸收和扩大股权资本,即增加自有资本规模,直至能支撑其资产负债表;将风险转为良性范围内,使当前的杠杆水平重新能支撑现有资本。欧洲银行业是像德银一样选择关闭国外零售业务或缩减不良资产,还是采取扩张和兼并的策略,是过去和未来需要作的现实考虑。

不管采取哪种方式,削减的前提都是欧洲的银行业规模太大了,RBS计算出的 2.7 万亿数字也只是达到 3 倍的保守考虑（日本、加拿大和澳大利亚银行业约是经济规模的两倍，美国约和经济规模相同）。然而，采取降低资产负债表规模的去杠杆化策略，却必然会面临着硬币的另一面，即必然面临流动性紧张和信贷紧缩的风险。

去杠杆化的几种方式均告诉我们这一风险。出售资产、收缩资产负债表不可避免地带来金融机构规模的缩水，进而使市场流动性偏紧；而兼并和收购则会重新导致投资银行向商业银行的依附。两种方式的总的后果都会加重流动性紧缺，使银行新增贷款的能力和意愿下降，进而影响到居民举债消费和企业借贷投资，最终拖累实体经济。

这似乎多少有些戏谑的味道。降低资产负债表规模的目的是为了降低银行业的系统性风险，而降低资产负债表规模的同时却又对经济增长带来风险。早在 2012 年上半年谈到去杠杆化时 IMF 就曾警示，如果操之过急，除了会引发银行资产贱卖外，还可能重燃信贷紧张和违约风险，进而对全球带来破坏性的连锁反应。这些警示和两难困境预示着，欧洲银行业去杠杆化是一场走钢丝游戏，既不能停在原地不动，又要在行进中保持着基本的稳定与平衡。

欧洲经济当局或许已经意识到，这场游戏不好玩。要玩好这场走钢丝游戏，似乎还要回到之前多次提及的基本逻辑上：欧洲银行业的健康运行和欧洲经济走出衰退。就欧洲银行业而言，在去杠杆化的同时，多次被媒体提及的"英国式"结构改革应给予考虑（核心是分业经营，将零售业务与投行业务分开）。而就欧洲经济而言，就不是笔者在本章所能讨论的了。

第十一章　在欧元周围能团结多久

欧元不仅是个经济存在,更是个政治存在,并且政治存在远比经济存在意义更为重大。作为前所未有的政治实践和现实需求的欧元区,理性的认知是,维系的成本小于崩溃。欧元区一旦崩溃,欧元区各国乃至整个欧洲诸国都不能独善其身。

在以欧元为"核心"的欧元区周围能团结多久? 这是个有意思的话题。1999 年出生、2002 年被作为欧元区唯一合法货币的欧元,自从问世以来,就不单纯是一种货币,而是被当成欧洲的一种象征,一种连接欧洲各国的纽带。如今,15 岁的欧元,承载着更多的希望与梦想。

不容讳言,这一梦想也还时常受到考验。欧元的生存环境谈不上恶劣,但也不乏阴影。显见的事实是,欧元仍只不过是欧元区 15 国的货币,欧洲也还处于政治欧洲(欧盟)和经济欧洲(欧元区)两种架构并存的状态。欧元尽管看似有着光明的未来,但当前的危机也着实不少,隐藏在欧元背后的分离动能,仍时不时来这么一下子,提醒欧洲的制度设计者们,对欧元还真不能高枕无忧。

欧元困局是这么真切的存在

"共富贵易，共患难难"，这句话用在欧元区部分成员国身上，着实恰切不过。2013 年 8 月下旬，又一件"离心离德"的事儿被议论：赫尔辛基大学政治与经济研究系教授韦沙·坎尼艾宁敦促政府成立专家组，研究脱离欧元区的可能性。

教授的话一石激起千层浪，甚至有媒体报道时渲染"芬兰脱离欧盟"的话题。这些政治上的夸张报道不值一晒，但教授的话却有听的必要。他提出了一个关键性问题：欧元是芬兰经济下滑的罪魁祸首。

教授是这么说的。他说他支持欧盟，但不认同货币联盟。欧元区这些年经济形势很糟糕，平均失业率超过 11％、国内生产总值下滑、债务率高于美国以及政治和社会制度成本过高，而所有这些的"元凶"就是欧元，欧元的"净利益"为负。

教授提出这个话题的心情很容易让人理解。他所在的芬兰，从欧债危机一开始，就面临着经济的急剧衰退。仿佛加入欧元区所带来的欧元红利一夕消失，衰退的漫漫长夜来临。芬兰国家统计局 2013 年 7 月 9 日公布的最新数据是，经工作日调整，2013 年 4 月芬兰 GDP 环比下降 2.4％，同比下降 4.2％，为一年多以来最大同比降幅。自 2012 年 4 月以来，GDP 仅在 2013 年 10 月出现过增长。

毕竟都是要"过日子的"。经济持续下滑恰是重提欧元问题的时机。从芬兰的角度讲，前几年该国经济主要得益于出口、消费和住房投资，出口强劲增长是其经济增长的主要驱动力，出口额一度占到 GDP 的 45％，德国、瑞典、俄罗斯都是芬兰的主要贸易伙伴。2012年总额达1894亿欧元的GDP中,消费成为总需求稳定的主要拉动力,私人消费增长1.6%,公共支出消费增长0.8%,而投资下降2.9%,出口和进口分别下降1.4%和3.7%。举个中国读者容易理解的例子:仅诺基亚手机销量的下滑,就把芬兰出口拉低不少。

统一的欧元为芬兰出口下降、经济下滑"贡献"多大,笔者没作深入研究,很难定量。但从教授的话语里可以看出最起码在芬兰部分学界人士看来,固定汇率正在给芬兰带来负面影响,"浮动汇率可能是芬兰经济最好的解决方案"。教授表示,认为欧元给芬兰带来汇率稳定是偏见,是20世纪大萧条时期留下的心理阴影。

教授谈到的是欧元弊端的其中一个表现:由于缺乏货币的自主权,当成员国面临出口困局时,则不能很好地通过汇率调整来降低风险。这正是他羡慕瑞典的原因,同样作为欧盟成员国,瑞典坚持浮动汇率,经济境况要好于别国。相信教授的观点代表了不少经济衰退国家的想法,也提出了欧元区的一个大问题——是不是该在欧元区重新调整利益分配与平衡机制。倘若不能找到有效的利益平衡与调整机制,欧元区危机越深,分离主义倾向越盛行。

这个观点不难理解。统一的欧元在降低欧元区各国交易成本、给各国带来额外红利的同时,由于不同经济体的禀赋差异,在统一欧元中所享受的福利必然出现差异。在同一个经济体内部,当出现这样的差异时,政治的调整或经济层面的转移支付都可以对之加以平衡。而欧元区则缺乏类似的调节机制,尽管欧元区有着统一的货币权,但由于财政权归属不同的政治实体,进行类似的利益平衡或调整则增大了难度。而危机的救助常常又伴随着强国要求弱国的权力让渡为前提,这从近些年欧元区对希腊等国的救助过程即可看出。

这是芬兰所遇到的问题,也是欧元所遇到的难题。作为独立的经济体,芬兰以及其他国家希望通过汇率调整来平衡经济的想法无可厚非,而欧元区变相地被固化了的汇率变量,让芬兰等国缺少了自我调节的机制和手段。这也正是教授羡慕瑞典的原因。而欧元区则不能满足教授的想法,要想维系住芬兰等国,欧元区则需要尽快完善利益平衡与调整机制。倘不能如此,则需要认真考虑欧元区的退出机制。

"弱欧元"不应成为经济的象征

伦敦奥运棋至中盘,欧元玩起高台跳水,仅 2012 年 8 月 2 日当天就下跌0.38％。失望的市场以下跌责怪一个叫德拉吉的家伙：他承诺说要尽"一切努力捍卫欧元",结果欧央行议息会议的信号却是"外甥打灯一切照旧"。尽管他一再强调"欧元不会逆转,打赌欧元解体毫无意义",但市场没有只是"听其言",还学会了"观其行"。

欧央行的行动是,像美联储和英央行一样,决定维持利率不变,也没有启动市场渴盼的紧急救市措施——新一轮债券购买计划、新一轮长期再融资项目以及给予 ESM(欧洲稳定机制)银行牌照等暂时都不会落实。德拉吉甚至模仿着德国的语气说,欧央行将"继续推进财政紧缩、结构性改革和欧洲机制化建设"。

欧央行看似怪异的表态不难理解。表面看,维持利率暂时不变的决定既有观望的成分存在(欧债危机爆发之初的宽松对策收效甚微),也受到美联储和英央行的激励。然而,更深层的意蕴是,欧央行的表面平静正折射出欧债危机的复杂和形势严峻。从 2012 年的季度数据看,欧洲诸国经济存在不同程度的萎缩。西班牙、意大利国债收益率居高不下,希腊退出欧元区风险并未根本消除。中国央行判断称，欧债危机"有引发全球经济二次探底的可能"。以至于法国总统奥朗德与奥巴马通电话，共同呼吁欧元区保持金融稳定和经济增长。相信，经济的下滑正是促使德拉吉一周一变脸的深层原因。

随后，各国都忙于采取措施给欧元以支撑，给欧洲经济以支撑。然而，这一沙堆上的希望根基却异常脆弱。欧元未经成熟已显衰老之态，债务危机的恶化让年轻的欧元看起来力不从心。短期的风险是，希腊、西班牙等债务高危国风险依旧，由于缺乏足够的经济支撑，均有恶化可能。而在救助上的博弈仍在胶着，德国为首的债权国的坚持，正是希腊等债务国的巨大政治风险，如何平衡矛盾考验着同样年轻的欧央行。

欧元会就此夭折吗？从欧债危机爆发，甚至从欧元诞生之初，这个问题就伴随着怀疑与不信任而高悬欧元区上空，并时不时地成为世界舆论的关注焦点。笔者的判断是，欧元夭折说（或称崩溃说）短期内仍有些杞人忧天，当前真正应该担忧的是如何应对弱势欧元可能给世界带来的冲击。

欧元不仅是个经济存在，更是个政治存在，并且政治存在远比经济存在意义更为重大。作为前所未有的政治实践和现实需求的欧元区，理性的认知是，维系的成本小于崩溃。欧元区一旦崩溃，欧元区各国乃至整个欧洲诸国都不能独善其身。根据瑞银的沙盘推演，一个弱国退出欧元区第一年的人均成本是9500～11500欧元，随后几年人均成本每年也高达3000～4000欧元。仅这一项经济成本就足以压垮该国政府。政治和经济的考量，都会逼迫欧元区各国"重回麻将桌"。

然而，这桌麻将并不好打。尤其在债权国增长受阻、债务国复苏乏力的大背景下，即使制度化制约机制被普遍接受，中短期内救危的主动和被动选项都只剩下了弱欧元，策略化后就是德拉吉前文所言的暂时不会实施的"债券购买计划"和"再融资项目"等。弱欧元是把双刃剑，缓解欧债危机需要弱欧元，而弱欧元又反过来加剧通胀，阻碍经济复苏，进而萌生各国对欧元的离心力。

因应弱欧元时代的欧洲，已是各主要经济体的战略议题。而对欧元区而言，更长期的策略是，政治考量靠边站，经济考量应成主角。更进一步说，欧元的存在系于欧洲经济的复苏，系于欧洲的结构性调整和改革。财政紧缩只能治标，治本之策还有赖于欧洲的再一次经济革命。倘不能如此，则欧元只能成为一个象征性的存在。

欧元区没有设定退出手册

拯救欧元，当务之急还是发展欧洲经济。这是一方面，另一方面，退出欧元区，也并不是一个容易实践的话题——从技术上看，退出欧元区很不易操作。最起码从法律安排上，《里斯本条约》第50条还提到了成员国退出的话题，并设定了相关条件（退出要求将由成员国按照自身意愿提出，须与欧盟委员会及欧洲议会进行协商并得到后者批准）。

而退出欧元区则没有这样的法律安排，查翻欧洲货币联盟的各项条约，都以不提供退出方案为前提设计。即使援引《里斯本条约》第50条，成员国要想退出欧元区，也需要先过退出欧盟这一关。不退出欧盟而先行退出欧元区则缺少法律上的支持。

然而，尽管法律没有给成员国退出设定选项，但并不意味着没有退出风险。笔者之前就曾探讨过德国和希腊退出会带来什么后果。就在2013年1月底的达沃斯论坛上，希腊退出欧元区再次被俄罗斯前财长库德林所提出，他认为欧元区的完整性近期可能会被打破，希腊、西班牙、葡萄牙或将退出。

根据库德林的理解，欧洲央行购买欧元区主权国家债券的计划，只是延缓了问题的解决，并寄望于时间给这些国家聚合和团结的机会，"但目前还没有"。所以库德林得出欧元区仍有退出风险。

套用库德林的话说，对他的言论也需要时间来验证。但有一点是可以肯定的，假定成员国在维持作为成员国的成本超过退出成本时，就存在退出风险，哪怕其退出对整个欧元区而言是致命的打击。到底有哪些成本，瑞银曾做过一个分析报告，从债务违约、银行体系崩溃、退出欧盟、贸易关税和保护主义以及内乱五个方面加以分析。

这五个方面确实是任何一个成员国动退出念头时需要着实考量的大问题。退出欧元区，强国与弱国在面对这些潜在成本时所能转换的空间不同，所选择的策略也不同。比如债务违约，当放弃欧元时，弱国几乎没有更好的办法避免债务违约，与债务违约同时的是新主权货币的大幅贬值；相比而言，强国的情况则好很多，不需要太过担心新主权货币贬值或财政恶化。除了退出欧盟的风险强国与弱国类似外（欧元区没有为成员国退出还能继续存在欧盟提供法律可能），另几项成本强国弱国也各有不同。

尽管强弱国有着不同的情况，但有一点是可以肯定的，成员国的退出对欧元区而言是致命的，对各个成员国而言也是致命的。上述分析更偏重于技术，而对系统性的探讨略微不足。即使对弱国而言，退出欧元区将或轻或重地承担上述成本外，作为一个整体的欧元区也难以承受其退出成本。这正是尽管欧元区核心国家极其不情愿而仍要在最后关头救助希腊等国的原因。欧元区将难以承受这背后的极大成本。

这最大的成本可以简单表述为欧元区的瓦解。欧元和欧盟是欧洲各国几经历难而作出的经济与政治构想，这一构想代表着欧洲各国对未来道理的一种选择，欧元又是对欧盟从经济层面的进一步强化和完善。欧元的瓦解即意味着欧盟瓦解，也意味着欧洲大一统的战略构想瓦解。这一瓦解对欧盟各国带来的冲击都是致命的，将给各国带来难以承受的政治、经济和社会冲击，内乱等后果只是这种冲击的一种外化形式。

正鉴于此，笔者一直秉持大欧洲一统的政治判断，也提出给不加入欧元区而想继续留在欧盟的英国等国制定一本翔实的退出操作手册。尽管退出常常会成为欧元区成员国博弈的筹码与托词，但实在不应该成为成员国的选项。用句时髦话，你可以矫情，但不可动真格的。

容克留给欧元集团的难题

欧元集团主席容克（Jean-Claude Juncker）真的从欧元集团的位置上退休了，他的继任者、荷兰财政大臣杰伦·迪塞尔布洛姆（Jeroen Dijsselbloem）也在这个位置上干了一年多。

尽管已正式就任新一届欧盟委员会主席，容克仍是欧元集团不可绕过的人物。他在这个位置上待得够久了，尽管没有担任卢森堡首相的时间长，但也可谓"八年抗战"，尤其是经历了欧债危机最严峻的时刻。他在离任前曾深有感触地说，"未来10年欧盟将走向何方？整个世界都在关注。欧元绝不能失败"。

59岁的容克自2005年起便开始兼任这一职务。这最初只是欧元区财长月度例会机制的机构，直到《里斯本条约》生效后才被正式认可。这时的容克已干了4年的"非正式"主席。他没把欧元集团当成一个"草台班子"，而是尽心尽力地斡旋各方关系，增强其影响力。

容克干得不错，不少人都这么说。尽管2006年《金融时报》把他列为最有效率的政治家,他仍在这个位置上干得很辛苦。他给外界的印象是:干练,很有韧性。由于近些年欧洲深陷危机,欧元区峰会和财长会,就成为重要的交流与决策平台。在这些会议期间,他经常和其他同事们一起就一些议题熬夜到凌晨才能有个结果,有时还只是初步的。有媒体甚至形容,任何人只要与他锁在一间屋子里,只要时间够长,都会向他投降。然而,这次任职的延期,却是他自个儿投降了——由于德、法对他的继任者意见不统一,他只好多干了这半年。

从这一年多的时间看,迪塞尔布洛姆也不错,是个各方都认可的人选。德国财长朔伊布勒就曾在他当选之前明确表示,"我看不到比迪塞尔布洛姆更适合的人选"。尽管如此,能否做到像容克一样在德、法以及其他成员国之间长袖善舞,仍决定着荷兰人的政治前景。换句话说,协调各方立场,以实现欧元区财政与货币政策的制定与实施,是荷兰人首要解决的难题。

荷兰人的另一个难题是,如何在当前的经济形势下,为欧元区的财政与货币政策找到一个恰当的表述——继续紧缩已开始威胁经济增长,宽松货币又担心让之前的紧缩成果功亏一篑。这不是一个轻松的工作,荷兰人需要花更多的时间与各国财长沟通协调,又需要审时度势拿捏经济收放的分寸。荷兰人要站在欧元区整体利益的立场思考,又需要给予各成员国的财政与货币政策以必要的约束。这需要强化欧元集团的权威。

增长是个新难题。能干的容克没能解决这个问题,荷兰人背负着更大的考验。欧元区存在着结构性的增长问题,之前的减赤与紧缩,有解决结构性问题的用意,但即使初步改变低增长高福利的局面,对各国都隐含着巨大的政治风险。即使各国都有动力冒着政治风险去做,稍微容易做点的也只是降福利。增长也是个真难题,各国需要想办法解决这一难题,欧元集团更需要从整个欧洲层面去统一谋划。就近期来看,欧元集团所能做的不外乎刺激,荷兰人能拿捏好刺激的分寸吗？刺激之后，荷兰人想到促进增长的更好办法了吗？

其实，容克在临退前，还有个和增长一样重要的遗憾，就是给欧元集团足够的国际地位。这些年的实践是，在重要的国际场合（比如 G8、G20），欧元集团往往与欧洲主要国家一起出席，而这些主要国家的嗓门往往比欧元集团更大。欧元集团究竟是该用一个统一席位出席，还是各主要国家单个出席，是个不小的问题，这也考验着荷兰人的协调能力。

第十二章　欧洲的德国，还是德国的欧洲

　　德国经济在欧洲独占鳌头，不是偶然的，这与其财政金融制度、经济模式、组织管理、国民性格、消费习惯等均有关系。借危机将德国模式推及欧盟其他成员国，对德国乃至这些产业空心举债度日的国家都未必是坏事。

　　上一章笔者谈到成员国退出欧元区的话题，指出由于欧元自身的困境，给欧元区的凝聚力带来考验。其实，对欧洲略作关注的读者都知道，不仅欧元区，整个欧盟的团结，都时常会受到考验，尤其是在经济形势不好或者政治有大变局时。我们在前面英国的章节中，也稍微涉及这个话题。在本章和接下来的一章里，将继续谈谈欧洲的主导权和欧洲的团结等话题。

　　因为这关乎欧洲的稳定。欧盟和欧元区的持续存在，都取决于内部的力量平衡。而维护各国的生态平衡，并不是一件容易事儿，欧债危机为我们观察欧盟内部的政策博弈、权利分配提供了很好的机会。这其中有一些国家是绕不开的存在，德国就是这些国家的核心代表。前面笔者对德国国内的经济状况作了分析，本章关注的重点则是德国与欧洲的关系。

德国以自己的方式为欧洲贴标签

当地时间 2012 年 7 月 20 日，欧元区 17 国财长开了个电视电话会议，决定向西班牙银行业提供总额不超过 1000 亿欧元的救助贷款。作为附加条件，西班牙必须对金融业进行改革，包括银行深度重组。尽管当天 IMF 总裁拉加德即发声明表示欢迎，但市场仍冷颜相对，当天西班牙股市下挫 5.82%，10 年期国债收益率也攀升至 7% 以上，接近历史最高水平。受此影响，美股低开低走，三大股指普跌。

更激烈的反应在西班牙国内，为抗议首相拉霍伊 650 亿欧元的新一轮紧缩计划，西班牙民众组织大规模罢工和游行，并与警方发生冲突。与西班牙同样强烈反应的是德国，德国议会以多数票赞成通过了对西班牙的救助计划，德国联邦宪法法院却宣布暂时"叫停"欧洲稳定机制和欧盟财政契约，将于 9 月 12 日对其是否违宪的指控作出裁决。

上述看似奇怪的描述，正是当前欧洲的现实：西班牙与欧洲的问题，简化为与德国的问题。作为欧元区债权国当仁不让的代表德国，再一次被推到欧洲历史进程的前台。时隔半个多世纪后，德国是欧洲的德国，还是欧洲是德国的欧洲，这两个绕口却又不失恰切的问题又一次困扰着德国乃至欧元区各国。只不过，这次是从经济切入。

先说欧洲的德国。在这波欧债危机爆发并进一步蔓延后，经济近乎一枝独秀的德国，成为新欧洲能否渡过危机并复兴的希望。欧洲各国，尤其是债务国，切实把德国当成了欧洲的德国，寄望德国拿出更多的资源救危扶困，指望德国成为各项救助计划落实的主导力量。欧盟乃至欧洲各国的潜台词是，德国是欧洲的德国,理应为欧洲走出危机作更多的努力和贡献。

再说德国的欧洲。尽管德国没有任何政要公开给欧洲贴上德国的标签,但事实上德国却在以自己的行为方式为新欧洲贴标签。这次危机爆发后,德国经历了从"不救助"到"有条件救助"的态度转变。德国意识到,任由欧债危机蔓延而无动于衷,可能会加速欧洲尤其是欧元区的分裂,这不利于欧洲的大局,也不利于德国的国家利益。

正是出于这一考虑,德国把立场修正为有条件救助(欧盟和欧央行也持这一立场),2012 年 6 月底的欧盟峰会上获得德国支持的方案就把加强对各国银行业的监管作为救助的前提。根据中国社科院学部委员、中国欧洲学会会长裘元伦的总结,德国的立场就有如下几点:主张私人投资者参与救助;反对发行欧元区共同债券;建议实行金融交易税;倡导加强欧元区中长期经济治理,甚至建立欧元区经济政府。就有条件救助来说,顶着国内外双重压力的德国总理默克尔警告说,"如果其他国家不付出努力,欧洲不会实现团结,除非我们能真正地对财政实行控制,否则德国不会承担更多债务"。

默克尔的这番警告,既是缓解国内压力之举,也是在试图增强德国的影响力。再回到欧洲的德国和德国的欧洲上,这两个表面纠结的问题,潜藏的是以德国为首的债权国和以希腊、西班牙等为首的债务国这对矛盾体的博弈。博弈的既是德国和欧洲其他国家的国家地位,更是欧元区经济甚至欧洲的未来。

回到欧债危机。欧债危机爆发的根源,还要追溯到欧洲不少国家的经济和社会发展方式上。在全球化的制度设计中,欧洲不少国家依托大力发展虚拟经济和高福利,来实现国家的经济增长和社会稳定。这样的结果是,不少国家在靠金融优势获得高额收益的同时,却逐渐在不少行业失去了经济竞争力。终于,在低增长和高福利的双重挤压下,债务危机爆发,并逐渐蔓延。而这其中,德国是个为数不多的特例:德国实行的是比较成功的社会市场经济制度,注重实体经济发展,产业结构较为合理,核心竞争力强,经济增长稳定,并且,德国很好地解决了经济增长与社会福利的平衡。

鉴于此,笔者认同默克尔提出的要救助先控制财政,并对银行业实施有效监管的说法,因为这既有利于解决欧债危机,也符合欧洲的长远利益。一个统一的欧洲符合欧洲的利益,能借机将德国模式推至欧洲更符合欧洲的整体利益。德国和欧洲各国都需要更长远的眼光。当然,首要的前提是,如何"安抚"好自家那些"短视"的选民。

摇晃的欧元区不能少了德国

德国有点犯了众怒。当地时间 2012 年 9 月 12 日,德国联邦宪法法院裁定,旨在救助欧元区重债国的 ESM(欧洲稳定机制)不违反德国宪法《基本法》,可以放行。不过同时设定了附加条款:德国出资限定在已承诺的 1900 亿欧元(约合 2432 亿美元)。德国是最后一个对 ESM 进行批准的国家,比原先预定的晚了两个月。尽管如此,还需要德国议会两院通过并经总统签字。

尽管联邦宪法法院的批准,是件大利好,但不满声仍不绝于耳。澳大利亚一家媒体报道说,希腊财政部正在成立一个"工作组",准备向德国讨要二战赔款,数额高达 750 万美元(约合人民币 4773 万元),加上 3％ 的年息,可达上万亿欧元,远高于欧盟的救助贷款。美国的金融大鳄索罗斯更是多次向媒体表达对德国的不满,称领导还是退出,德国需要作出一个决定,"如果退出了,欧元区的问题就会有所改善"。

细读索罗斯前后的陈述,笔者感觉他的主要用意和 3 个月前一样,仍是敦促作为债权国,并掌握着话语权的德国,担负起欧元区的领导责任来。但他也提出了一个不时有人提出的话题:德国是不是该退出欧元区了?差不多2011年9月份这个时候,德国工业联合会前主席汉斯-奥拉夫·亨克尔就在英国《金融时报》上刊文探讨"德国退出欧元区如何"。除了他们二人,官方或民间都不乏认为退出欧元区对德国、对欧元区都是利好的言论。

或许默克尔也曾这么想过,但似乎她很快就打消了这个念头。尽管对救助别国满心的不情愿,德国联邦宪法法院似乎也不想考虑退出这个选项。亨克尔曾考虑奥地利、芬兰和荷兰与德国一道退出,甩掉那些后进生,四国再一同为欧元区创立一个新标杆。但这显然是个自私的主意,会给欧元区甚至欧盟带来难以预料的政治和经济后果。别说四国一同退出,德国一国退出,就足够摇晃在崩溃边缘的欧元区受的了。

德国的迟疑不决,确实延误了欧元区危机的救助,加大了危机恶化的风险,但却很难反证,德国的离开会有利于危机的尽快解决。如索罗斯所说,作为债权国的德国等国家与希腊等债务国之间,已经因权力的分配不平衡导致了二元分裂,但很难说德国退出后,其他债权国与债务国就不会导致二元分裂。相反,更大的风险则在于,其他各债权国会承担更大的救助成本,达成共识的斡旋难度或许也会更大。

当然,这些目前还只是假定,并不能排除索罗斯所说的会尽快达成救助共识的可能。笔者的主要目的则在于说明,德国是果(条件)而不是因,欧元区所遇到的困境,根源在于有缺陷的制度设计和糟糕的准入条件。出于政治成功的考虑,政客们故意或非故意地放松了加入欧元区的门槛,《马斯特里赫特条约》的规定被稍加修饰后的报表所突破,希腊等"带病国家"正大光明地混入,进而埋下了分裂的种子。财政和货币政策的不匹配,又让"带病国家"削弱了自我复原的能力,当肇始于美国的金融危机袭来时,危机就开始从最薄弱的经济体蔓延，从而给欧元区带来争吵，乃至崩溃的阴云。

在人类历史上，理想常常委身于可悲的现实。欧元区的大一统理想，首先在人性的自私面前遭受挫折。我们很清楚地看到，不管是债权国还是债务国，都愿意从欧元区索取而不愿更多付出。德国经济明显受益于统一的欧元，却对救助动力不足；希腊等债务国也常常在财政紧缩面前犹豫不决。欧元区领导人不能指望德国等债权国"良心发现"自愿作出更多奉献，而是迫切需要调整结构和机制，拿着鞭子的同时，也给热衷于救助的国家更多激励。

显然，德国退出不是个好选项。如同希腊退出会给欧元区带来极大的政治和经济风险一样，德国的退出对欧元带来的也是致命的伤害。相比而言，要让德国等债权国承担更多责任，就要给它相应的补偿，而这一补偿也只能站在欧盟层面由欧元区各国协商确定。同时，欧元区也要尽快改革，来弥补当初制度设计的缺陷。其中谈了多时的欧元区经济政府的提议，就应该尽快加以推进。

"德国主导欧洲"不那么危险

FT中文网2013年3月27日发表了一篇文章，题目是"'德国主导欧洲'的危险"。英国《金融时报》专栏作家吉迪恩·拉赫曼以塞浦路斯救援为由头，从欧盟的历史、现实以及德法关系几方面分析，认为德国主导欧洲的局面"对于欧洲，并且最终对于德国本身都十分危险"。

为了得出这个结论，作者举了这次塞浦路斯救援中出现的若干片段：塞报纸将默克尔称作"德国佬"，将德国财长朔伊布勒比作"法西斯分子"。作者把这些与"希腊和意大利常见的反德情绪"类比，并用了"反德情绪复活"这个颇具煽动性的词汇。

在作者这篇看似善意规劝的文章中，笔者闻到了酸酸的醋意。事情因塞浦路斯而起，笔者也先谈谈该国的救援。塞浦路斯人是尝到了前所未有的耻辱，但这是塞国自己送给自己的，而不能怪别个国家。不能你平常好日子过着，碰到困难时反而怨救困者态度不够和蔼。你塞国财长到俄国坐了两天冷板凳，是不是也要骂俄国人不厚道救死扶伤、不能持之以恒、好人不能做到底？

用这么通俗的话来解读国与国的关系或许并不十分恰切，但道理总归还是这个道理。塞国百姓或媒体的屈辱感可以理解，但面对这一屈辱感的同时，是否也该思考一下是不是更应该从本国政客和国民身上找找原因。面对国家耻辱和暗淡前景，塞浦路斯人是被迫咽下了苦药，但须知良药苦口利于病。借机痛骂"残忍大国德国的淫威"，除了发泄情绪外于事无补。再说，这个"残忍大国"还是拿出了真金白银的，甚至有些代欧盟受过的意味。

其实，"英国人"吉迪恩·拉赫曼的用意并不在小国塞浦路斯的屈辱，甚至也不在希腊与意大利等被救援国。他的用意是德国与欧盟的关系。作者在文中写道，"在塞浦路斯危机之后，欧洲看起来越来越像德国的欧洲"，即使德国政策制定者也希望目前的一切只是暂时的，但"结果就是德国依然把持着局面：支票由德国开，规则由德国执行，越来越频繁地修复规则也同样由德国负责"。

笔者不得不承认，作者的这段分析很符合欧洲未来的走向，但问题是，这是否就意味着欧洲已变成"德国的欧洲"从而违背了欧盟创立的初衷？笔者以为这个问题应分两个层次看。其一，德国是欧盟的成员国之一，德国近期在经济领域的主导地位既与德国自身的经济实力有关，也与包括法国在内的欧盟其他国家经济实力的减弱有关。但如果说欧洲已变成"德国的欧洲"，还为时尚早。德国与欧洲的关系，既取决于德国自身，也取决于欧盟各成员国。

德国想谋求政治上统治欧盟，必然会招致欧洲各国的反弹，对欧盟、对德国都害处不小。

其二，"德国化的欧洲则未尝不可"。德国经济在欧洲独占鳌头，不是偶然的，这与其财政金融制度、经济模式、组织管理、国民性格、消费习惯等均有关系。正如笔者在之前的专栏文章中所说，借危机将德国模式推及欧盟其他成员国，对德国乃至这些产业空心举债度日的国家都未必是坏事。

要检讨德国遭到包括拉赫曼在内的批评者所诟病的原因，还应该检讨的是欧盟的议事规程。出力多的国家享受更多的话语权，这正是民主的应有之义。只要这种话语权不是以武力而攫取为前提，类似法西斯德国以武力谋求对欧洲的统治是万万要不得的。国与国彼此之间实力的消长也正是欧盟发展中的正常现象，欧盟各国应及时调适心态应对。

当然，从历史看，这对长期以均势战略生存的英国而言可不是利好。欧洲大陆的统合，让至今仍与欧洲大陆若即若离的英国的均势战略难有用武之地。从这个角度说，英国也更应该思考与欧洲的关系。倘若仍以均势战略思考欧洲各国关系，拉赫曼就很难不得出上述结论。

不过，这并不是说拉赫曼的言论毫无正面意义。德国人不仅更应该考虑到欧盟其他成员国的心理感受，还应该调整自己的行事风格，让自己冷冰冰的面孔多些温情。

第十三章 "欧洲合众国"的理想与现实

　　德、法的计划,已走出孤立英国的实质步骤。倘若公投决定英国退出,德、法主导下的欧盟,其实已走上事实上的欧洲分裂道路。倘若英国继续留在欧盟,其与欧元区经济发展的不均衡与不协调,仍是欧盟前行的极大羁绊,欧盟仍免不了为此持续争吵。

　　进来的想出去,外面的又想进来。用这句描述围城的话看欧盟,也恰切无比。最近的案例是,围绕土耳其加入欧盟的话题,欧洲争论不休。同时,瑞士、乌克兰以及东南欧国家加入欧盟,也成为一个个被热议的话题。与此相反,退出欧盟的声音也时常响起,英国人谈了很久,还将持续成为热点话题。

　　"欧洲合众国"的理想很丰满,类似英国这样的考验又常常会跳出来吓欧洲一跳。欧洲何去何从,是欧洲有远见的政治家都必须认真考虑的问题。不可否认,欧盟的实践,是人类历史上的创举,也为化解区域争端提供了很好的思考角度和解决方案。但这不意味着这个实践就毫无瑕疵。笔者在本章,将重点就这些所谓"瑕疵"着墨,以便寻求更多的价值。

欧盟的魅力：土耳其样本

2013 年元旦刚过，英国前外相、现下院议员大卫·米利班德为《金融时报》写了一篇题为"2013：重启土耳其'入盟'努力"的文章。在这篇报道中，米利班德认为"2013 年可能（而且应当）成为关系最终得到改善的一年"，他呼吁欧盟"通过务实合作、克服入盟的障碍"吸收土耳其以便"注入新的生命力"，他呼吁奥朗德"与萨科齐划清界限"，充分发挥政治家的才能。

所谓"政治家的才能"，潜台词就是法国应该敞开胸怀接受土耳其。米利班德认为，土耳其是矗立在欧盟门口的经济大国，该国"对自己在中东等地区的势力信心十足"，并且"与邻为善"是其抱负。但遗憾的是，自 2005 年双方开启"入盟"谈判以来，30 多章入盟协定，只有 8 章开启谈判，"欧洲和土耳其都有理由反思"。

说客米利班德把开年的第一礼送给了土耳其，也将了奥朗德一军。老米童鞋是否得到英国政府的授意尚不清楚，但此举明显符合政治正确。1 月 4日再次对外重申不会效仿挪威放弃欧盟成员国地位的英国首相卡梅伦，是个坚定的挺土派。早在 2010 年土耳其加入欧盟意愿最强烈的时候（土耳其总理埃尔多安先后在 3 月底 4 月初分别向德法喊话，希望获取两国的支持），卡梅伦抵达土耳其首都安卡拉访问，并在 7 月 27 日向政界和商界表态，将"非常有热情"地为土争取欧盟成员国身份，还借机批评反对者犯了错误。

英国与土耳其这对曾经的冤家在几经攻防后，终于又站到了同一阵营。从近几十年的历史看，双方的交合除了实力此消彼长、互有需要外，冷战也立了大功，为了围堵苏联，英美迫切需要拉拢土耳其。时光荏苒，历史的烟尘尚未散尽,新的问题又接踵而至。两国之间确立的"战略伙伴关系"就可以作为注脚。英美这对"兄弟"从战略利益上需要土耳其的支持,土耳其也正是在美国的支持下加入北约,连获得欧盟候选国的资格也多亏了美国。

"兄弟"的需要就是我的需要,并不能完全解释英国的诉求。尽管两国在经济上有不少互补,但从"战略"二字,更容易理解英、土的相互诉求。首先,这符合英国长期以来的"海峡战略",尽管冷战已远,英国仍需要土耳其来牵制横跨欧亚两个大洲的俄罗斯,符合其"均势策略";其次,正如米利班德所说,土耳其在中东地区有着相当大的势力,而中东明显是当下列强争夺最激烈的地区之一,它的邻国法国早在几年前就开始积极张罗起地中海联盟。

或许,这正是米利班德积极地给土耳其递枕头的部分原因。正如那个被遣返的航海 7 个月追求英国女子的土耳其商人一样,埃尔多安们太需要这个枕头了。土耳其太想成为欧洲国家,凯末尔建立的共和国即把"脱亚入欧"作为基本国策,1963 年土就已与当时的欧共体签订《安卡拉合作公约》,成为其联系会员国。然而,50 年过去了,土耳其还徘徊在"文明的欧洲"门外。

没被接纳的土耳其,像一个边缘人,在"主流与文明"之外游离。以至于1999 年土国把加入欧盟确定为跻身世界强国的首要条件。土耳其需要融入欧盟享有政治与经济上的便利,在提升经济竞争力的同时改善国民的生存条件,"像欧洲人那样生活",并借机加强国家安全,拓展外交空间。这正是土国积极写"入欧申请书"并定期汇报思想的动力所在。

然而,这些"思想汇报"太不对德、法的胃口了。尽管土耳其号称经济飞速增长,2011 年季度增速一度超过中国,土国副总理甚至预测说 20 到 30 年后将成为仅次于德国的第二大经济体,普华永道表示到 2050 年时其经济规模将超过意大利位列欧洲前茅。并且,土耳其与欧盟民间关系密切,7400 万民众中有 600 万移民欧盟,其中德国就有 300 万。

在信奉基督教的欧洲富人看来，土耳其仍是穷小子。更贴切的原因是，法国主导的地中海联盟不希望被打扰，德国雄踞欧洲的经济地位不希望跟进一个强有力的赶超者，德、法渴望自己主导欧盟，不希望进来一个有足够能力的竞争者。就连经济最窘迫的宿敌希腊，也给出坚定的冷屁股。这让信奉伊斯兰教却又倾向世俗的多样化文明的矛盾统一体土耳其无计可施。

土耳其给了欧盟最后通牒。2012年10月31日，在柏林的一次研讨会期间，当被问到土耳其能否在建国100周年的2023年前加入欧盟时，埃尔多安回答："他们应该不会拖那么久，但如果真的拖到那时，欧盟将面临损失，至少将失去土耳其。"2023年前能否加入欧盟，笔者不清楚，但可以肯定的是，不吸纳土耳其的欧盟，肯定不会失去土耳其。离开了欧洲，土耳其将回到何处呢？

现在离2023年尚有些时日，围绕土耳其加入欧盟的争论仍在继续，不过土耳其的支持者也在增多。尽管德国总理默克尔在2014年上半年仍表态说土耳其不适合加入欧盟，荷兰外交大臣、西班牙首相、波兰总统、罗马尼亚总统、斯洛文尼亚总统等首脑和政治人物相继表态支持土耳其，法国总统奥朗德的态度是土耳其加入欧盟要先经过公投，欧盟则敦促土耳其推进民主改革。看来，土耳其加入欧盟，不用再等到2023年。

给分裂者英国设定退出路线

一边在支持土耳其加入欧盟，一边却在为自己退不退出欧盟而纠结不已。这就是英国。英国首相戴维·卡梅伦早已承诺，如果他赢得下次大选，最晚将在2017年年底就这个议题举行全民公投。

欧洲主要国家对卡梅伦的表态很是吃惊。法国外长洛朗·法比尤斯说欧盟规定不是"菜谱"可以随便选择,加入了足球俱乐部就不能想着玩橄榄球,一旦英国离开,法国会把铺好的红地毯卷起来。尽管德国外长批评"挑三拣四的政策不是选项之一",总理默克尔仍表示"乐意讨论英国的愿望"。

虽然德、法立场不乏分歧,但这并不影响成员国退出的话题再次成为热点。不独英国,"末日博士"努里尔·鲁比尼在2013年1月下旬分析欧洲经济形势时也表示,意大利处于风险中,希腊退出欧元区的可能性仍存在。荷兰首相吕特随后称,欧元区应允许成员国退出。

卡梅伦的表态,有着强烈的政治考量——借此赢得保守党内的团结,为竞选连任埋下伏笔,同时又借机向欧盟抛出新的筹码,为重新谈判铺路(英国国内反对退出欧盟的声音也很大)。放下卡梅伦的表态不提,英国的退出也与希腊存在着很大的不同——更直观看,英国要退出的是欧盟,而希腊则是欧元区。

退出欧元区是个更具有技术性的话题,老实说欧盟和欧洲货币联盟,并没有为成员国退出欧元区作出相关规定,甚至也没有将成员国赶出的条款。回到英国,笔者想换个角度,站在欧盟的立场上,谈谈如何应对诸如英国等非欧元区的欧盟成员国的退出问题。

欧盟到了把成员国退出列为事关生死存亡的重要议题的时候了。欧盟需要为成员国退出制订详细的操作手册,并完善处罚机制。与欧元区不同,2007年12月各国在里斯本签署的欧盟新条约《里斯本条约》,已包含有退出条款。条约第50条即规定,退出要求将由成员国按照自身意愿提出,须与欧盟委员会及欧洲议会进行协商并得到后者批准。但遗憾的是,该条约并未提及实际退出的任何细节。

可以理解的是,修订条约时倘若太过细化退出,既显得成员国缺乏诚意,又不符合欧盟创立的宗旨。当时确实也没什么国家在这方面作过多纠缠。

然而，现实是，梦想中的大欧盟很快即遭遇到内部分裂的难题。这是欧盟存续中所遇到的政治考验，如何处理需要切实的政治智慧。

进一步说，欧盟有消极与积极的两种选择。具体到消极选择，欧盟大可不必对英国的退出置多少笔墨。这一态度的假定是，英国不会真的退出欧盟，围绕英国退出的声音，既是英国的内政外化，又是对欧盟的"撒娇"。依该假定引申下去，英国退出欧盟的概率就很小，欧盟不用担心会失去这个成员国。但其危害也很显见，最大的则是常常给世界一个分裂的欧洲形象。

分裂的形象，对欧盟的发展是最大的利空。这就回到笔者前文所说的积极的应对，欧盟需要对成员国的退出作出程式化的设定，既防止成员国以退出相要挟，又尽可能弱化退出带来的负面影响。根据《里斯本条约》，退出的主动权在成员国，而欧盟却没有驱逐成员国的途径。这一设定的好处是，提出退出的成员国需要与欧盟协商，这一协商可能很快也可能遥遥无期，从而让想退出的成员国知难而退。让渡主动权让欧盟看起来更包容更道义，但也更被动。欧盟应从经济层面，对成员国的退出设定处罚机制。

换句话说，欧盟应设法为成员国绑上更多的经济纽带。比如说，要想享受更多的欧盟待遇，成员国就需要从经济上与欧盟其他国家更贴近，统一货币加入欧元区就是一个重要的条件。游离在欧元区之外又想尽享欧洲一体化的便利，不应作为一个常态，事实上也很难作为一个常态存在。英国目前进退两难的处境，正是这一尴尬地位的写照。如果不进入欧元区，卡梅伦的"退出"难保不会成为小概率事件。从这个角度理解，默克尔"愿意讨论"的表态，似乎也挺像"你要滚蛋，我求之不得"的委婉说辞呢。

欧洲要时刻警惕分离动能

2013 年 6 月初，欧洲经济再次笼罩一片肃杀之气。这时，又发生了一件"小事"——在德、法两个核心大国之间发生了些龃龉。

原因是，欧盟委员会给了法国额外两年时间来实现 3% 的预算赤字目标，作为条件同时要求法国实施"紧迫的"养老金改革，降低劳动力成本，大幅削减公共支出。奥朗德不干了，他说欧盟委员会无权"指挥"巴黎该干什么，"欧盟的建议是没有必要的，需要做什么显而易见"。奥朗德的顶牛让旁边坐着的德国坐不住了，德国基民盟副主席、基民盟外交政策发言人朔肯霍夫（Andreas Schockenhoff）批评说，奥朗德的说法"违背了欧洲协定和条约的精神和字面内容"，"是在动摇欧盟的基础"。

基民盟是德国总理默克尔所在的政党。尽管当天又传出默克尔和奥朗德欲联手建银行联盟的新闻（有分析认为德、法联手是为了在接下来的欧盟峰会上避免整体修改欧盟条约，避免卡梅伦借此改写英国与欧盟的关系），但这并不能消除德、法之间认识上的分歧。德、法的这点小龃龉，远没有严重到因两国分歧而致欧盟分裂的地步，但也不应该给予轻视，奥朗德表态背后潜藏的分离动能，应引起欧洲警惕。

这并不是说法国已认可分离，相信不管是站在国家利益还是政党利益立场，奥朗德和他所领导的法国都会清晰地意识到分离的政治不正确性，但这并不意味着分离的动能不存在。奥朗德或许是在取悦国内民众，其支持率的持续下滑可对之加以支撑。这一取悦正意味着法国与欧盟的不同步，而经济的持续疲软更加大了不同步的程度。目前的法国，正在经历经济增速缓慢、失业率高企、消费者支出下滑的窘况。

整个欧洲的情况更糟糕。据欧盟统计局公布的数据,2013 年 4 月份欧元区失业率升至 12.2%,为 1995 年有记录以来的最高水平;欧元区 25 岁以下年轻人的失业率升至 24.4% 的历史新高,3 月份为 24.3%（欧猪国家已有四个跌破 40%,意大利 40.5%,葡萄牙 42.5%,西班牙 58.2%,希腊 62.5%）;德国零售额弱于预期,较前月下降 0.4%,法国消费者支出亦下滑 0.3%。意大利央行和欧洲经济政策研究中心编制的 Eurocoin 指标显示,欧元区第二季度经济停滞不前的可能性越来越大。欧洲正在步入新一轮深度衰退。

经济衰退正在加剧分离动能。在讲起高失业率的严重性时,德国财长朔伊布勒曾警告称,如果不能打赢对抗年轻人失业率飙升的战争,欧洲可能分裂。围绕英国和部分欧债重危国退出欧盟的言论,正是经济衰退的直接后果。而新一波的分离动能正在由经济疲软与高失业率的现实所积蓄。如果经济持续疲软,没人能预料到欧洲各国的年轻人还能抗多久,以及出现混乱后又会给欧洲的政治格局带来什么样的影响。

欧洲不能不警惕,曾经深埋的分离种子,如今已到了浅层靠近地表的位置。破除分离主义的金钥匙是欧洲经济的全面复苏。而目前的欧洲,除了要应对全球性衰退的波及外,还受制于欧盟自身架构的不完善性。这次法国所体现出来的减赤目标与欧盟委员会的冲突即是体现。欧洲经济一体化（主要体现在贸易与货币政策）所带来的红利效应正在被财政与政治的不统一冲抵,而欧洲则在解决这些问题时显见乏力。

换个说法,欧盟在维护欧洲统一方面走得很辛苦。当初出于经济一体化与安全一体化而走到一起的欧洲各国,始终没能解决好国家利益与欧盟整体利益的关系,围绕利益的博弈贯穿欧盟历史。当被长期压抑的分离动能因经济危机而激活,欧洲或有可能被带到新一个循环。欧盟在致力于消减分离动能的同时,或许也该对经济、政治和防务一体化的关系加以重新思考。

"欧洲超级联合政府" 在酝酿

2012 年 9 月 18 日,欧洲曾在华沙公布过一项比经济政府更宏大的计划。这个德国外长韦斯特维勒担任负责人的"欧洲未来集团"计划,主旨是改组欧盟,重塑"未来欧洲",具体措施是减少委员数量,赋予欧盟委员会更多权力,组建一个超级联合政府,并呼吁直选欧盟总统,制定统一的国防政策。

这项颇具雄心的计划由"柏林俱乐部"11 国(德国、法国、意大利、西班牙、波兰、荷兰、奥地利、比利时、丹麦、卢森堡、葡萄牙)外长共同发布,并且为了确保不因欧盟其他成员国的反对而搁浅,提案要求终止现有成员国对欧盟外交和防务政策的否决权。

被讥讽为"外交目标 500 年来没有变过——创造一个分裂的欧洲"的英国,成为媒体报道中直接点明的可能否决者。就连第一时间进行报道的英国媒体,也表达了同样观点。不过,英国政府发言人却表示,这种讨论是进步的开始,英国将全面参与讨论。

这项计划若得以实施,则意味着德、法在欧盟将占据更大话语权。根据 2009 年 11 月获 27 个成员国批准的《里斯本条约》,决定把司法、内政等敏感领域的一些政策划归"双重多数表决制"决策范围,税收、社会保障、外交和防务等领域仍采取一致通过原则。"未来欧洲"计划中提出的终止外交与国防领域的否决权,则是对《里斯本条约》的进一步修订。

与英国的态度相比,世界更关心的是欧洲的走向,这次提出的联邦制是除四分五裂之外的另一个选项，尽管也潜藏着进一步分裂的种子。这一动向除了表明具有浓厚德国特色的货币政策与财政政策非对称的欧盟经济治理机制已到了扬弃的边缘外，涵盖政治、经济与防务的新的欧洲治理框架被正式提到前台。

这个框架的前提是建立一个以货币为基础的联邦。与现有欧元区的体制所不同的是，新的联邦政府将拥有更大的经济决策权，除了制定货币政策外，共同的欧洲债券市场也有建立的必要。政治上的联邦的存在，为这一共同债券市场提供了主权信用担保。这既符合法国等国亟欲推行欧元共同债券救市的心态，也能以债务国部分权力的让渡争得德国的支持。同时，这一框架还有利于弥补欧盟经济治理中的民主缺陷。

很显然，对危机救助协调困难是促使 11 国达成共识的基本动因，提案框架则更明确地体现了德、法等国的意图。法国提出德国附和的欧洲经济政府是题中应有之义（一种观点认为，德国更倾向于现有的欧盟经济治理机制，附和法国更多是为政治考虑），共同防务也符合德、法两国的利益。并且，一个强有力的欧盟联合政府，更有利于确保德、法等国意图的推行。

在经济动因的驱使下推动欧盟政治层面的联合，有其强烈的现实诉求与历史机遇，但也有着潜在的现实风险。新提出的邦联框架，能否有效协调欧元区与未加入欧元区的欧盟国家的关系，不愿意加入邦联的国家又该如何选择，会不会因此造成欧盟内部的分裂？比如，站在欧元区之外的英国，就需要作出抉择：是继续留在欧盟进而经济政治更加一体化还是退出欧盟自玩自的。

德、法的计划，已走出孤立英国的实质步骤。尽管英国发言人称可以开展讨论，但已有媒体猜测，英国可能就退出欧盟举行公投。倘若公投决定英国退出，德、法主导下的欧盟，其实已走上事实上的欧洲分裂道路。倘若英国继续留在欧盟,其与欧元区经济发展的不均衡与不协调,仍是欧盟前行的极大羁绊,欧盟仍免不了为此持续争吵。

不管哪种结果,"柏林俱乐部"11国倡议建立的欧盟联合政府都将阻力重重。计划的提出,意味着包括《马斯特里赫特条约》在内的欧盟相关条约都需要重新修订,这仍将是一项艰难推进的工作。事实上,早在2011年12月的欧盟峰会上,德、法等国就曾致力于推动修改《里斯本条约》,以便在欧盟推行结构性改革。但遗憾的是,由于英国的反对,峰会未能达成修约所必需的全票赞成。

抛开英国等欧盟内部的分歧不谈,共同防务目标的提出,会否招致欧盟之外的阻力也未可知。共同防务计划的提出,彰显的是德、法等国图谋欧洲军事独立的野心,在美国重返亚太之际提出该设想,也是个不错的时机。建立一支"欧洲军"是德、法数年来的梦想,然而这一梦想英国不感冒,美国也多次阻挠。如何处理欧洲独立防务与北约的关系,是一个协调的难点。

有趣的是,1946年9月英国首相丘吉尔曾提议建立"欧洲合众国",66年后德、法11国倡议建立新"欧洲合众国",丘吉尔曾领导过的大英帝国,则有可能只是游荡在欧盟之外的打酱油。

第三篇

欧罗巴未来

第十四章　范龙佩更需要"经济学奖"

诺贝尔经济学奖,比和平奖对欧盟更有现实意义。为诺贝尔和平奖而欢呼并"深感自豪"的范龙佩,现在更该做的是,收好和平奖章,把更多的精力放在经济学奖这一新目标上。范龙佩和他的欧盟,更需要这一奖项。

芬兰人艾洛·帕罗海墨几年前写过一本专著,书名叫《欧洲的未来:后工业化社会环境设计前瞻性思考》。这本书从生态与环境、城市规划和人类生活的现状出发,对欧洲的未来和增长作了探讨。

这本书的价值,不仅在于为欧洲提供了一种解决方案,更重要的是提醒人们对欧洲未来要持续不断地思考。在笔者的思考框架里,更关注的则是欧洲如何在一体化的框架内,保持平稳且可持续性的增长。尤其是在"去一体化"与"一体化"两种思潮并存的当下,这一思考更具有现实意义。未来的欧洲,面临的考验仍然很多,接下来笔者关注更多的就是这些考验。当然,本章先从欧洲的经济发展谈起。

欧盟更需问鼎经济学奖

两年前，欧盟又多了一笔收入：总额 120 万美元，领取时间 2012 年 12 月 10 日，地点奥斯陆。不过，即使对财政捉襟见肘的欧盟来说，这也算不上一笔巨款。

倒是这笔款项的颁发名义，让反对者顿感讽刺。英国独立党领导人奈吉尔·法拉奇（Nigel Farage）就认为挪威人真幽默，"欧盟可能带来了和平，但肯定没创造繁荣，欧盟让数百万人挨饿和失业。看过欧洲理事会主席范龙佩为利比亚战争加油打气之后，欧盟获得诺贝尔和平奖其实很荒唐"。

现实比奈吉尔·法拉奇的评价更具讽刺意味：作为政治创举的欧盟，在诺贝尔委员会颁奖的同时，正经受着债务危机肆虐的考验。危机爆发地之一的西班牙，继 2012 年 10 月 10 日标普下调评级至接近垃圾级后，11 日巴塞罗那更是爆发了学生抗议削减教育支出的集会。不仅西班牙，希腊、意大利等欧盟其他成员国，也债务危机缠身。或许，这笔天上掉下来的款项，真的能够派上些用场。

毫无疑问，这次考验是欧盟成立以来的最大考验。在过去的大部分时间里，欧盟都符合挪威诺贝尔委员会的评价。委员会盛赞说，欧盟在欧洲重建及柏林墙倒塌后稳定前共产主义国家中作出了贡献，欧盟在让法国和德国更加团结，以及帮助加强欧洲南部和中部国家的民主上，起了重要作用。然而，这一评价，却无可避免地因当前的欧债危机而引发争议。

支持者的理由不可谓不充分。从某种程度上说，欧盟是个历史概念，欧盟产生于战争，确切地说产生于对战争的矫正。在长期的历史过程中，欧洲都战事不断,最众所周知的是 20 世纪前 50 年的时间里,波及全球的两次世界大战都肇始于欧洲。战后,欧洲统一渐渐作为促进欧洲整体发展避免战争的最佳选项为欧洲主流政治思想所接纳,柏林墙的倒塌更是为统一创造了契机。基本的逻辑是,一个因避免战争共建和平而产生的组织,定会鼎力捍卫和平。挪威诺贝尔委员会认为,欧盟事实上践行了自己的使命。

然而,批评者的意见更切中欧洲的难言之隐。欧盟需要问鼎的其实恰恰是另外一个诺贝尔奖项——如果说和平奖是对欧盟过去的作为(抛开那些隐疾不提)的肯定的话,欧盟未来的和平则有赖于在另一个奖项诺贝尔经济学奖上实现突破,欧债危机和由该危机凸显的制度与发展困局,都寄望于欧盟找到突破性的解决办法。

前文提及的利比亚战争,因欧洲主要国家法国、英国等的参与,而给欧盟的这一奖章划上一道疤痕。欧洲和以欧洲主要国家参与的北约,也多次担任局部战争的主力。这些隐疾的存在,告诉我们的是另一个话题:所谓的和平,确切说是欧盟内部的内和平,对外仍不乏采用战争解决争端的理论与实践。头戴诺贝尔和平奖桂冠的欧盟,应更新理念创新机制,以和平的思维解决国际争端,与世界共同营造欧盟的外和平环境。

现实却是,外和平的理想仍很遥远,内和平也承受着越来越大的压力。欧债危机让政治与经济不同步的欧盟尴尬——隔阂依旧存在,隔阂的墙壁也越筑越厚。欧元区核心国家与非核心国家的隔阂、欧元国与非欧元国的隔阂、欧洲不同区域发展不平衡的隔阂、各国内部不同派别因债务危机而加深的阶级与民族隔阂等,都让内和平承受考验。

这些隔阂的存在,倒逼欧盟收起过往大一统的政治虚幻假想,真正创新思维,从体制和机制层面找到解决当前欧债危机困境以及欧洲未来发展的道路。这方面,制度经济学与发展经济学当大有可为。欧盟的政治制度要不要作调整，又该如何调整？现行欧元区的经济制度，是否适应欧元区乃至欧盟的未来发展？欧元区重债国能否在财政预算与经济发展之间找到一个最佳平衡？这种种问题，都需要答案，需要能经得起实践检验的答案。

结论是，诺贝尔经济学奖，比和平奖对欧盟更有现实意义。为诺贝尔和平奖而欢呼并"深感自豪"的范龙佩，现在更该做的是，收好和平奖章，把更多的精力放在经济学奖这一新目标上。范龙佩和他的欧盟，更需要这一奖项。我们想问问范龙佩，拿到这个奖项，5年时间够吗？

很显然，这个奖项，对欧盟而言可真不好拿。

欧洲摆脱窘况仍很吃力

"今天，是2012年最后一天。相信，各国主管经济的大佬们都会不约而同地长舒一口气：'这个糟糕的鬼年份终于过完了。'

"然而，一个未知的新年仍在等待着他们。尽管不缺少亮色，但这个新年看起来也并不比2012年更美好。美国的财政悬崖把全球经济推向悬崖边缘，旁边围观的日本、印度、中国、俄罗斯各怀心事，也难脱牵连，全球银行业风险压顶，债券市场和页岩油气泡沫濒临破裂。这时，增长乏力的全球开始了不约而同的量化宽松。

"这是新一年欧洲所面临的现实经济环境。作为主权债务危机的重灾区，欧洲并不比其他地区更乐观。这个超越主权层面的政治经济联合体，同样为债务危机与经济增长乏力而困扰；这个诺贝尔和平奖获得者，同样面临着内部的分裂与不和平。套句时髦的话来概括：2013年的欧洲虽走过'1942'，却仍然'泰囧'。"

上面三段话，是笔者 2012 年 12 月 31 日在一篇题为"迈向 2013，欧洲仍有'三囧'"的专栏文章中的开头。在这篇文章中，笔者将欧洲所面临的问题总结为"三囧"。如今一年半过去了，这"三囧"仍有着现实意义。欧洲尽管在解决债务危机方面有了很大进展，但依旧有很多问题需要解决。笔者把这"三囧"照录在下文，读者可给出自己的评判：

第一"囧"是欧洲为摆脱危机、恢复增长使出了百般招数，却发现危机仍在、经济仍难振。欧央行不得不悲观地宣布，2013 年欧元区 GDP 增速仍需下调。下调多少？欧央行 12 月初的预测数据是增速区间在－0.9％至 0.3％，低于之前的－0.4％至 1.4％。

联合国也不给力，欧洲各国更是哀鸿遍野。有多悲？联合国 12 月中旬发布的警告称，世界经济很可能继续低迷，随后两年面临再度衰退的风险，并预计 2013 年全球经济增长率为 2.4％。早从 2012 年 11 月份开始，欧洲各国就相继下调增长预期：德国央行下调明年 GDP 增速预估至 0.4％，葡萄牙央行预计经济萎缩 1.6％，英国央行将预期增长从 2.0％下调至 1.2％，法国财长表示是否调整预期要待明年 4 月。

第二"囧"是欧盟自危机以来竭力从体制机制层面化解制度性缺陷，时至今日，与之相关的政治因素仍是欧元区复苏的拦路虎。这一因素需从三个层面分析：欧盟层面，欧盟现有的制度设计存在欧元一体化而政治主权分散化的弊端，欧元区拥有超国家主权的统一货币，却不拥有各国的财税权，这正是危机爆发的内部根源，也为外部攻击留下了 Bug，欧元区仍在忙着打补丁；欧盟内部欧元区与非欧元区之间、欧元区内部债权国与债务国之间，都各有各的盘算，尽管会出现最后关头救助希腊的戏码，但仍难以避免久拖不决的博弈使危机恶化；各国内部的政治博弈。

这里对第三点想多说几句。救助与被救助、紧缩与增长之间的矛盾仍困扰着债权国与债务国。债权国内部存在着要不要救助的分歧，也影响着政局的稳定，诸如希腊要不要退出欧元区这样的议题或将影响 2013 年 9 月的德国大选。持续的紧缩削弱着各国主流政党的政治影响力，极左翼与极右翼都有抬头的趋势，他们一旦上台就可能促使所在国偏离现有的危机救助轨道。比如意大利看守总理蒙蒂将代表中间党派联盟参与竞选，与中左翼民主党（Democrats）、前总理贝卢斯科尼的中右翼自由人民党（People of Liberty）和反正统的"五星运动"（Five Star Movement）同台 PK，胜负都将影响该国走向。再比如，重债国西班牙也在大选，问题是，倘若加泰罗尼亚地区的分裂分子获胜了呢？

这一问题指向的正是欧盟的第三"囧"：欧盟的成立正是基于政治经济大一统的治理理念，而今这一实践却不断遭受着来自部分成员国以及一些成员国内部的分裂思潮与行动的撞击。西班牙加泰罗尼亚地区不是孤例，别的国家的分裂力量也不甘寂寞——比如法国的科西嘉岛也在闹独立，与之相关的爆炸与枪杀案不断，仅 2012 年（截至 11 月中旬）就发生了 17 起凶杀案；苏格兰的独立诉求困扰着英国，苏格兰民族党与首相卡梅伦约定 2014 年秋举行独立公投，投票者只有"支持"和"反对"两个选项。更戏剧的是，英国"脱欧论"渐次坐大，欧洲理事会主席范龙佩四天前不得不警告称英国的漫天要权会导致欧盟解体，而希腊等重债国可能导致的潜在分裂却似乎被人放到了脑后。

分裂给欧洲带来的打击将是致命的，丝毫不亚于政治因素与增长乏力。事实上，这些因素又相互关联、难解难分，最终的指向仍是增长，欧盟需要持续的增长来摆脱困境。全球已开始新一轮的量化宽松，欧盟需要仔细权衡利弊得失。同时，在寻求重塑大局观、摆脱内部羁绊的同时，寻求一个更合适的外部环境对欧盟也至关重要，然而，现实是，一个强大的欧盟，对一些国家并不都是好事。

"增长的药方"对欧洲仍管用

不可否认,在过去的几年里,欧洲经济在欧盟和欧元区各国政客的合力推动下,不出意外地陷入了多年来的整体衰退。不仅希腊、意大利、西班牙、葡萄牙、奥地利、荷兰等国的经济收缩明显,德国经济也出现放缓。债务国嗷嗷待哺,政客们纠结于救助与紧缩,民间抗议声此起彼伏,其中不乏暴力冲突。

这是一幅衰退的图景。与这一衰退图景相配合的是,政客们忙着修补漏洞,不过目前所做的也仅限于修补。确切地说,政客们常常在债务大限即将到来时紧急行动,以避免炸弹被引爆,而更多的时间都在争吵与梦游。这些争吵虽然在促使债务国节衣缩食、削减赤字、调整结构等方面有所助益,但却不能带来债务问题的根本解决。对希腊等债务高危的边缘国家而言,国际债权人不是天使,他们所盘算的大多是自己家里的那些小九九。换句话说,他们不太关心债务高危国未来的发展机会和空间,更关心的是他们的投资是否贬值、他们的回报是否丰厚。对债务的稀释,并不符合他们的利益。这正是他们倾向于选择紧缩的原因之所在。

其实,债务国乃至整个欧元区,都不应该再继续纠缠于债务的削减与紧缩,是时候调整经济政策了。从单个债务国来看,债务不会凭空消失,在经济下滑的大背景下,紧缩对削减财政赤字、降低债务的作用有限,解决债务问题有赖于货币宽松和经济增长。货币宽松的权限在欧央行,这些债务高危国缺乏稀释债务的手段,是否宽松仍待国际债权人与欧央行的博弈,也有待欧洲经济形势的变化。债务国所能做的是用经济增长这条腿走路,比如希腊,当务之急也只能是加大结构性改革、解决劳动力市场与财政上的扭曲,吸引投资，增加就业，使经济早日恢复正常。

要解决欧洲的问题，最终恐怕还是要回到"经济增长"上。其实这也是欧洲各国的共识。早在 2012 年 11 月 15 日，法国总理让-马克·埃罗（Jean-Marc Ayrault）在柏林会晤德国总理默克尔时给自己开出的"药方"就是："法国的目标是实现经济重新增长。"而这一"药方"，对欧洲各国同样适用。解决这些债务国乃至整个欧元区问题的根本办法，当且仅当依靠经济的"重新增长"。

在过去一段时间里，欧洲针对银行业流动性危机推出了 LTRO（长期再融资计划），针对各债务国的主权债务危机推出了 OMT（直接货币交易），如今也收到一定的效果。但 LTRO 和 OMT 只是缓解了银行间流动性和边缘国家融资成本上升的问题，对实体经济的作用有限。欧洲既需要重新审视现有的货币政策和财政政策，更需要找到提升整体竞争力和经济增长的办法。这其中，继续推进结构性改革，找到新的经济增长点都至关重要。

第十五章　高失业率正侵蚀欧洲健康

教皇弗朗西斯一世2013年11月底在接受家乡阿根廷的媒体采访时警告说,今天的"一次性文化"已经使一代欧洲年轻人被遗弃。一些国家年轻人的失业率高达40%以上,"整整一代年轻人都失去了工作带来的尊严"。

欧洲的高失业率,惊动了世界。2014年7月中旬,IMF总裁拉加德再次忍不住发了言。他的表述是:"欧洲青年失业率高企是一场大灾难。"基于这个表述,他认为欧洲存在高失业率长期持续的风险,市场对欧元区经济复苏可能过于乐观。

这绝对不是世界知名人士第一次关注欧洲的高失业率,欧洲自己的政治人物,也时不时在一些场合提醒自己,甚至连教皇都对这个问题看不下去了。

高失业率由来已久

2013年11月12日,法国总统奥朗德主办欧洲24国元首会议,主题就是降低青年失业率。奥朗德说,会议攸关这一代人的未来,他们失业多年,并生活在怀疑甚至绝望中。欧洲的领袖们一起说,要加速降低25岁以下年轻人的失业率。

既然开会了，他们还是想出些招数。欧盟估计，仅解决青年失业，2013 年到 2015 年就需要 450 亿欧元。各国计划拿出 60 亿欧元缓解受失业冲击最严重的 13 个国家，欧洲投资银行每年再拿 60 亿欧元，欧洲社会基金拿 100 亿欧元出来。除了出钱，又提出个"青年担保"方案，向失业 4 个月以上的年轻人提供工作、培训或实习机会，2014 年 1 月 1 日起给失业者支付资金。

会议的背景是，欧洲失业率依旧高企。据欧盟统计，截至 2013 年 9 月份有 560 万年轻人失业，失业率达近 23.5％。这其中德国年轻人失业率最低，为 7.7％，法国为 25％，希腊和西班牙则高达 56％。其实，不独年轻人，欧洲整体失业率数据居高不下已不是近期的新闻，比如 9 月失业率即持稳于 12.2％的高位，各国形势也不妙。请看最近的一组新闻标题：土耳其 8 月失业率急升至 9.8％，希腊 8 月失业率维持 27.3％，保加利亚第三季失业率升至 12％，奥地利 2013 年 10 月失业率显升至 7.4％。连 WHO（世界卫生组织）都忧心忡忡地说：高失业率拖累欧洲公众健康。

各方的关切不难理解。毕竟就业率对任何一个现代政府而言都是很重要的执政指标，最起码在形式上不能马虎起来。WHO 也不算是"咸吃萝卜"，他们分析说失业引起青年群体慢性病、抑郁甚至自杀的风险很高，如不干预，这颗定时炸弹 10 年到 20 年就可能爆炸。WHO 毕竟是 WHO，只讲了人体的健康风险，没有讲社会的健康风险。WHO 没讲的社会健康风险，恰恰应该是各方政客所真正担忧的。但更接近真相的判断应该是，欧洲仍处于高失业率周期，欧洲人民还将继续遭受高失业率煎熬。

阐述这个判断之前，要先看看历史。欧洲这波高失业率由来已久。20 世纪六七十年代，是欧洲就业的黄金期。70 年代后期，欧洲失业率开始上升，90 年代虽然整体下降，但再难与六七十年代相比。并且，欧洲失业的特点是长期失业率远远高于 OECD(经合组织)内的其他国家,而欧洲内部又很复杂,各国失业情况也差别很大。尽管 20 世纪末欧洲的就业状况有所好转,但昙花一现后又掉头向下,失业率又继续高位徘徊。

失业率长期居高不下的一个重要判断是,这是个制度性难题。对欧洲高失业率的原因,一派认为是石油冲击,还有一派认为是劳动力和社会福利制度。石油冲击派认为石油价格上涨导致全要素生产率下降、实际利率上升和劳动需求减少;制度派则认为是失业救济、强势工会、失业保险等因素的联合作用。当然也有认为是这些因素的综合作用所致。由于未必深入研究,根据所看到的部分资料和现实观察,笔者认同综合作用说,欧洲失业问题既有宏观经济的因素,又有劳动力制度的影响,既是制度性难题,又是结构性难题。

当然,在解决具体问题时,除了要分析原因外,还要看出差异性,因为往往差异性是解决问题的关键。就石油冲击论来说,油价上涨是个普遍性因素,美国乃至亚洲各国亦受影响,那为何欧洲对就业的影响更甚?欧洲是否应该在因油价上涨对产业和增长的影响同时,也及时调整产业结构,替代发展对石油依赖性较弱的产业?就制度性因素而言,高福利制度也需要考虑社会的总体均衡,避免其经常在失衡状态下运行,进而阻止效率的提升。再者,就结构性而言,各国有各国内部的结构性问题,欧盟内部亦有国与国之间的结构性问题。失业率高企既反映了各国经济增长问题,也是欧洲整体性经济失衡的呈现。如同问题是系统性问题,解决问题的办法也应系统性考虑,直至找到针对性的办法。如果做不到这些,恐怕拿多少钱都没用。

教皇的话，欧洲这回该听听

教皇弗朗西斯一世终于"逮住"了一个机会。2013 年 11 月底，他在接受家乡阿根廷的媒体采访时警告欧洲说，今天的"一次性文化"已经使一代欧洲年轻人被遗弃。他解释说，以"金钱国王"为核心的不公正的国际体系，是一种遗弃年轻人和老年人的一次性文化，一些国家年轻人的失业率高达 40％以上，"整整一代年轻人都失去了工作带来的尊严"。

教皇的担忧不难理解。欧洲的失业问题，尤其是年轻人的失业问题，已经让欧洲政客难以安坐。笔者在之前的专栏中也曾提过法国总统奥朗德主办的欧洲 24 国元首会议专门以降低青年失业率为主题。欧洲的高失业率既有历史原因，也有现实问题，还和高福利制度有关。之所以时隔半月再次旧事重提，还与另一则新闻有关，笔者从这则新闻里隐隐读到些旧事。

这是则明显可看出教皇的世俗权力衰落的新闻。作为新闻主角的伦敦市长鲍里斯·约翰逊（Boris Johnson）说，经济不平等是好事，一些人无法成功是因为资质太低，经济成功与 IQ 高度相关。他说，在自由市场经济下，严酷的竞争加大了人与人的差距，高 IQ 与低 IQ 的收入差距在扩大，经济不平等可以促使有天赋的人努力工作。社会精英制度可以部分缓解经济的不平等。

若作为学术探讨，约翰逊的观点也不至于大惊小怪，但这是一位据说旨在冲击英国首相的政客，他的观点就不能无视了。他冒险发表类似言论，赌的就是社会会有广泛的支持度。在失败者与成功者之间，他在赌那些成功者对他的支持，以便为自己积累更多的政治筹码。尽管他此番言论遭到英国左翼党派的批评，但他的观点的代表性仍不可轻视。他言辞背后最直观也是最深刻的潜台词就是,成功者与失败者之间的鸿沟越来越大,因经济不平等而引起的社会阶层分化已到了政治家需要公开站队的地步。

正是对这点的担忧,让笔者想起 20 世纪 30 年代的欧洲旧事。当时的德国,正是经济的失败导致的高失业率等社会问题,把纳粹一手推上了政治舞台。1931 年,德国失业率是 33.7%,有 500 多万失业者,占全国成年人口的 1/4;1932 年达 43.8%;1933 年希特勒上台时,德国的失业率为 33%,人口 600 万众。与经济失败伴生的,是社会思潮的混乱和社会治理的不力。在此背景下,纳粹党被选上台。希特勒推行积极的财政政策,启动军事采购,强化卡特尔化,加强国民经济军事化,并剥夺犹太人资产,进而使失业率骤降,1933 年年底就减少 1/3 失业人口,1937 年还剩不到 100 万失业者。之后的历史,已不用笔者详述。

尽管如此联想并不科学,甚至有些故意夸大欧洲失业率的影响之嫌。况且希特勒当年的失业率下降也被质疑为玩数字游戏,当前的欧洲政治经济格局也已不同于 20 世纪 30 年代。乐观派甚至认为,当前的欧洲不仅从制度上限制了极端势力登上政治舞台,也从文化和心理上对二战及其危害作了深刻的反思。但这并不意味着欧洲各国就可以高枕无忧。其一,欧洲部分国家如英国、西班牙等国兴起的民族分裂势力,背后的原因一定先是经济性的,经济的积弱与失衡推涨了分裂思潮;其二,欧盟的制度设计,并不能有效防止极端势力登上各国的政治舞台。尽管欧洲的制度设计,比之前的国际联盟①以及当前的联合国更进一步,欧洲有着相对统一的军事权力(北约),且大多数国家也有着更为紧密的经济联系(欧元区),但这两种设计都是超国家的,各国的政治变化仍取决于各国情况,由各国选民自行决定。或许这也正是约翰逊

---

① 国际联盟,《凡尔赛条约》签订后组成的国际组织,二战后被联合国取代。

敢于发表"出格"观点博选民的原因。

让教皇都坐不住的是，年轻人成为失业的主力军。这意味着在欧洲当前的社会经济结构下，工作岗位的相对固化以及产业的老化已经相对较为严重，没有更多的岗位腾出来给年轻人，或者没有更多的工作岗位适合年轻人。对一些国家而言，甚至四成年轻人面临"毕业即失业"的窘境（最新的数据是，整个欧洲 25 岁以下年轻人失业率为 24.4%，西班牙高达 57.4%，希腊高达 58%）。人生还没开始，已面临困境，谁知道内中的幻灭感会引发什么样的社会反应？

第十六章　贸易保护主义的诱惑

欧美需要谨记，既然给自己赋予新的全球贸易规则制定重任，就要跳出歧视性的思维惯式，制定一个新的既突破世贸组织现有框架又普适发达国家与新兴国家的规则和标准。这一标准既要照顾到发达国家的利益，也要照顾到新兴国家的利益与诉求。

这个世界上，总有种东西让人欲罢不能。它可能是人，也可能是物，或者是某种想法和思潮。对这个东西的迷恋，初期以诱惑的形式出现，之后便逐渐依赖，以致成瘾。一旦成瘾，危害就会加倍返还。对全球各主权国家或政治经济联合体而言，贸易保护主义就是这样一个东西。

在人类经济交往史上，贸易保护主义的影响无处不在，可随时找出案例来。尤其是经济体的经济面临危机时，这种思潮就更容易被传播或采用。贸易保护主义常常像一个幽灵，在全球上空游荡。人们的观察是，贸易保护主义常常伴随自由贸易，强势国家倾向于贸易自由，而弱势国家则更倾向于贸易保护。而吊诡的是，贸易保护，又常常成为制约弱势国家经济的长期发展。在当下世界，贸易保护主义常常以贸易战的形式出现，也成为阻碍经济复苏的负面因素。而一向主张自由贸易的欧洲，近些年，也开始受制于保护主义的思潮。

纵容贸易保护主义伤人害己

想写写关于危机导致贸易保护主义思潮抬头的文章，正苦于由头不足够吸引市场关注，这时，枕头被及时地递了过来：默克尔前脚从北京离开，中国驻欧盟使团即收到欧盟将对中国光伏产品发起反倾销调查进行立案的照会，2012 年 9 月 6 日，欧盟正式发出公告，启动反倾销调查。中国以重金采购作筹码换来默克尔答应斡旋的表态，只是一个打着时间差的肥皂泡。

虽然默克尔声称不主张诉诸诉讼程序，应协商解决争端，但该来的还是来了，从中国政府到光伏业界一片诧然。媒体惊呼，一旦欧盟作出倾销裁定，将可能征收高达 50％的反倾销税率，部分企业可能面临破产风险，在美上市光伏中概股则面临退市风险，甚至有预测将有六成中企倒闭。尽管这是继美国对华光伏产品双反后的又一次贸易纠纷，但全球最大的光伏市场欧洲仍足以让企业紧张。数据显示，2011 年中国向欧洲出售余额高达约 210 亿欧元（264.7 亿美元），占据 60％市场。

欧盟一出招，中企最有说服力的说辞是"伤人一千，自损八百"。理由是中国光伏企业只是个加工厂，产能落后，缺乏核心的晶硅提炼技术，并且太阳能电池板所需的原材料、技术及设备大部分从欧洲等发达国家和地区进口，2011 年即从德国进口 3.6 亿美元银浆、7.64 亿美元多晶硅，数年来更是累计从德国、瑞士等国家采购 108 亿美元生产设备。中国光伏业的大发展压根儿就是欧美光伏巨头设的一个局。中国下一步的方向应是发展核心技术，并开拓庞大的国内市场。

这些说辞尽管不乏道理，但却难以让兴讼的欧企和政客息讼。欧企的考量是,借此打压中企提升自我竞争力,夺回被抢占的市场,增强利润率;政客的考量则更多了些合理性,一旦裁定倾销,既可获取高额的税费充盈国库,又可迎合经济危机下抬头的民族主义情绪,还能削弱号称新兴国家领头羊的中国的国家实力,即使双反妥协,这也是个不错的谈判筹码,是一个时常可悬在中国头上的又一把贸易利剑,弃用皆取之于我。

这些看似合理化的考量,正是贸易保护主义抬头的基本逻辑——一定的贸易顺差是有利的,对外国商品的贸易壁垒和对民族企业的保护更有利于贸易优势地位的确立。其实,早在1822年贸易自由主义措施首次被引入大英帝国前后,贸易保护主义就一直是国际经贸往来中的主题词。普遍的观察是,金融和经济危机期间,往往是防范贸易保护主义抬头的关键时期。因为,通常的观点是,自由贸易是繁荣之源。

然而,一直让经济学家警惕的欧洲的贸易保护主义还是如期地抬头了,并且这一保护主义将害了欧洲。最大的危害是,世界所信奉的自由贸易理念将有被狭隘的贸易保护主义取代的风险,并进而损害到贸易纠纷双方乃至他国的利益。新兴国家不再是温顺的绵羊,当其发现所信奉的自由贸易原来只不过是发达国家倾销产品的最佳说辞时,贸易反制会接踵而至(其实已经开始,当中国光伏遭受美国双反裁定时,美国肉鸡就没那么幸运了。有消息显示,中国正在研究反制欧盟多晶硅)。光伏产业向新兴市场转移是全球大势,欧盟犯不着为了一家10亿欧元营业额的Solarworld公司(美国的"双反"调查也是该公司发起)引发中欧新一波旷日持久的贸易战。

贸易保护主义对欧洲的另一个潜在危害是,当欧盟对中国等新兴国家行使关税壁垒时,保护主义也在欧洲内部各国或欧美之间滋长。谁能保证,英国人不会排斥外籍劳工,法国人不会抵制德国汽车,意大利人不会拒绝爱尔兰牛排呢?保护主义只能加剧萧条,经济民族主义必然会拖延危机的解决。

更进一步说，保护主义不仅不能产生竞争力，反而会惯坏受保护的行业或企业。欧债问题的解决，还有赖于整个欧洲增强竞争力。

接着说光伏。全球光伏产业的大发展，受益于德国等欧洲主要国家加强补贴，推动能源转换的契机。而 Solarworld 等光伏企业营业额下降甚至净亏损（2011 年亏损 2.332 亿欧元，2012 年上半年亏损 1.59 亿欧元），既有他国新竞争者闯入的因素，更重要的还是受累于欧债危机和美债危机。一个基本现实是，欧洲的光伏市场空间在缩小，中国和美国等庞大的市场却有待开发。处于产业链高端的欧洲企业，比处于低端的中国企业有更多的竞争优势。关税壁垒压不垮中国光伏业，倘若在贸易战的保护下丧失了竞争力，才是欧洲光伏企业所应真正担心的。

"双反"不利于中欧经济复苏

中国国务院总理李克强当地时间 2013 年 5 月 24 日上午在瑞士苏黎世参加经济金融界人士午餐会上发表演讲时表示，中国积极推动多边贸易体制和区域经贸安排"两个轮子一起转"，反对任何形式的贸易保护主义。他在谈到美国《跨太平洋战略经济伙伴关系协定》（简称 TTP）、美欧《跨大西洋贸易与投资伙伴协议》（TTIP）等谈判时说，任何有利于贸易投资自由化和地区经济融合的合作，中方都持开放态度，"只要其遵循多边贸易规则，秉持开放、包容、透明原则，我们都乐见其成"。

李克强总理讲了一个既简单又明确的态度：中国是全球自由贸易的拥护者，支持任何遵循多边贸易规则的谈判与合作。站在这句话的另一面理解，李总理讲话的焦点在于：中方反对任何形式的贸易保护主义。

笔者以为,"任何形式"的第一层意思是,欧美尤其是欧洲近些年频频玩起的"双反"调查,比如近期发起的针对中国光伏产品和无线通信设备的反倾销反补贴调查,就是一个错误的范例。这些举措的实质是中欧贸易热战,双方就对方的贸易要害发起制裁,这对双边贸易深度合作的经济体而言,最后的结局必定是两败俱伤。

这是个浅显的道理。"双反"的假定是,贸易对手国(或经济体)以贸易补贴或降低价格的方式进行倾销,进而影响到本国(或经济体)的相关产业。这个假定的前提是,贸易双方生产着类似甚至相同的产品,且双方没有经济与资本上的深度合作。而在欧洲针对中国的"双反"案例中,我们看到的常常是更为复杂的情况。

比如光伏产业,中国的光伏出口尚处于低端状态,而且不少企业是欧洲本土企业的产业转移,打击中国光伏的后果是既未能有效地保护欧洲产业,又在客观上提高了欧洲消费者的生活成本,甚至影响到欧洲的相关产业。这从近期光伏产业的"双反"调查可见端倪:首先英国站出来替中国企业说话,其次欧洲20多个国家700多家光伏企业1024名企业高管联署反对。

笔者上述分析还没考虑贸易对手国的报复等因素。先搁下这点,再看"任何形式"的第二层意思:美欧 TTIP 等类似的贸易谈判,会不会对现有的多边贸易规则形成挑战。中方没有明说,而明眼人都看得出来的是,美国在亚洲推动的 TTP 以及在欧洲推动的 TTIP,其实质是贸易保护主义的变种——美国试图以区域性的贸易机制来代替世界贸易组织体系。尽管从经济层面看,这一战略未必能够很好地得以贯彻,但从政治角度,美国借贸易围堵中国的意图也很清晰。美国企图借 TTP 和 TTIP 制定新的贸易规则,弱化世界贸易组织,弱化亚太经合组织等区域性的地方组织。

美国的这些举措,肯定会对多边贸易规则造成冲击和挑战。欧洲在这些方面的态度尤为重要。站在 TTIP 的角度看，欧洲有与美国接近并达成协议的现实基础。美欧经济同处于衰退阶段，经济复苏的压力很大；同时，双方又不可避免地把诸如中国在内的发展中（新兴）经济体列为主要贸易对手而加以防范。这是欧洲靠近美国达成协议的前提。

然而，欧洲需要考虑的另一个问题是，欧洲如何解决与其他贸易伙伴的关系。美欧之间的贸易协定，要不要与其他贸易伙伴共享？如果不共享，又将要承受什么样的后果？这些讨论的前提是，世界目前已处于贸易一体化的大市场，中国与美国互为第二大贸易伙伴，欧盟是中国第一大贸易伙伴和最大出口市场，中国则是欧盟第二大贸易伙伴，中国又是德国除欧盟外的第一大贸易伙伴。这些现实意味着，所谓的贸易围堵除了用着眼于短期利益和政治筹码解释外，并无太多实现的可能。

而其害处却显而易见。欧洲经济亟待复苏，而中国被视为欧洲经济复苏的引擎。中欧之间又不存在大的战略冲突，中国一向视欧洲为重要的战略合作伙伴，贸易的围堵除了解决小部分群体的小部分利益外，对中欧大局没有帮助。中欧贸易摩擦，不利于双方的经济合作。中欧应加强贸易合作与谅解，减少贸易冲突与摩擦，宜将眼光看长远，不可意气学他国。

欧洲应尽快与中国自贸谈判

中国在欧洲又下一城。2013 年 7 月 6 日，中国和瑞士正式签署自贸协定。这是中国同欧洲大陆国家的首个自贸协定，中国国务院总理李克强评价说这将对中欧合作产生积极示范效应，共同向世界发出反对贸易保护主义的强烈信号。瑞士联邦委员兼经济部长施奈德-阿曼则评价说，协定签署是一个历史时刻,瑞方"愿与中方抓住自贸协定带来的机遇,反对贸易保护主义,将瑞中合作提升到更高水平"。

正如李克强所说,这是中国与欧洲大陆国家之间史无前例的开创性之举。其实仔细品味,两国政要的评价更有深意。笔者读出三种含义:协定是互惠的,中瑞两国皆受益;协定是反对贸易保护主义的,是对保护主义的直接否定;协定带来深化和提升中瑞两国合作的新契机。协定既是对两国贸易互动的深化,更是对现有规则的突破,两国将借此确立更多合作新规则。

中方签字人、商务部部长高虎城用"全面的、高水平的和互利互惠"评价这次协定签署,并解释说协定生效后瑞方将对中方 99.7% 的出口立即实施零关税,中方将对瑞方 84.2% 的出口最终实施零关税,如果加上部分降税产品,瑞士参与降税的产品比例是 99.99%,中方是 96.5%,大大超过一般自贸协定中 90% 的降税水平。其实,互惠程度不是笔者关注的,笔者所关注的是李克强提到的"示范效应"。

很显然,"示范效应"的指向对象是整个欧洲。如果说 2013 年 4 月份中国同冰岛签署与欧洲国家之间的首个自贸协定是中瑞自贸协定的示范的话,中冰、中瑞自贸协定则是中国与欧洲各国的示范。更进一步说,"示范效应"透露两点信号:其一,中方与对欧洲各国或欧盟进行自贸谈判抱持开放态度;其二,中方正采取先易后难的策略,一国接一国谈判。

实际上,中国之前对与欧盟开展自贸谈判也保持开放态度。2012 年 9 月 20 日布鲁塞尔召开的第十五次中欧领导人会晤,时任国务院总理的温家宝向欧洲建议,"尽快启动中欧投资协定谈判,探讨开展中欧自贸协定可行性研究"。然而,现实却是,温总理的提议很快被中欧贸易争端所淹没,欧洲开始忙着与美国谈判(TIPP),中方则选择与欧洲部分国家沟通接触,中欧自贸协定的设想被搁置了。

现在看来，选择让贸易争端来主宰中欧贸易，是个大错特错的选择，欧洲应尽快开启与中国的贸易谈判。首先，处于经济下行期的欧洲与中国，都需要通过贸易协定改变现有贸易格局，提振双方经济。这一道理相信双方都懂，但能否具体落实到决策上则需要魄力和智慧。最大的难点在于民意，部分企业或团体很容易用贸易保护主义裹挟政治走向。经济下滑贸易保护主义抬头是常态，把经济下滑归咎于自由贸易也是不少政客的惯常选择。能否一反惯常推动自由贸易协定谈判，则考验着欧洲负责任的政治家。

其次，贸易争端与摩擦既不利于欧洲与中国经济的复苏，更不符合中欧贸易大局。中欧都是世界上最大的经济体之一，双边贸易额很大。中国是欧盟的第二大贸易伙伴和最大的进口来源，欧盟则是中国最大的贸易伙伴。如今，两大贸易合作伙伴正被贸易战所困扰，欧洲大打光伏战，中国则被迫以葡萄酒反倾销反制。不出所料，贸易战最终会以两败俱伤而收场。近期的进展是，尽管中国光伏企业深陷困境，德国太阳能招牌企业康能集团（CONERGY）宣布破产也不能说与之毫无干系。贸易战正在破坏双边经济。

再次，笔者之前也提到过，欧洲与中国签署自贸协定胜过与美国签署。美国倡议与欧洲签署自贸协定，更多是出于战略层面的考量，是与亚太区域的 TPP 相配套的战略部署，而事实上欧美之间的贸易互补性远不如欧中。与美国一起围堵中国，其实并不能真正通过贸易把中国围堵在摇篮里。尽管尚未走出危机，欧洲仍需要与中方一样，释放更多的善意，促进双方经贸合作，为双边关系长远发展铺下基石。

自贸谈判切不可受制于保护主义

正当俄罗斯经过 19 年长跑(1993 年 6 月至 2012 年 8 月)成功加入世界贸易组织的笑容还在脸上挂着，美欧又开始了新玩法——2013 年中国春节刚过，双方筹建自贸区的谈判已宣布即将启动。

美国总统奥巴马 2013 年 2 月 12 日在其第二个任期的首次国情咨文中宣布，美国将积极响应欧盟多年来寻求与美国建立自贸区的努力，正式启动谈判，并称此举将扩大 27 个欧盟成员国和美国在大西洋两岸的贸易地位。2 月 13 日，欧盟委员会主席巴罗佐在新闻发布会上也证实，双方已决定"进入各自的'内部程序'"，"将争取今年 6 月底之前正式启动谈判"。

这项被媒体称为"1995 年世贸组织创建以来最雄心勃勃的"谈判，涵盖世界近半的经济总量和 1/3 的贸易额(欧美年贸易总额约为 4500 亿欧元)。欧盟预计，这项协定将促使其年度 GDP 提高 0.5%，美国则憧憬扩大贸易出口和更多机会。其实，这不是项新提议，早在 20 世纪 90 年代即开始构想，搁置至今才着力推进。

中国等新兴国家是主要诱因。美欧的政治考量是，双方的贸易一体化有利于平衡或抑制新兴国家如中国等的经济高速增长。深陷债务危机的欧洲亟须制造更适宜的贸易环境，正在进行经贸新布局的美国也迫切需要打造跨大西洋经贸圈，已作为 TPP 的补充。

尽管英国《金融时报》载文称"美欧贸易协定不是威胁"，但这一动作最显见的表现则是"不带中国等新兴国家玩"。更深层次的观察是，这一构想正是近年来流行欧美的贸易保护主义思潮的外化，尽管打着维护自由贸易体制的幌子。美欧的理想算盘是，通过双方自贸区建设，建立一条新的贸易隔离带，既促进双方的贸易增长，又弱化新兴国家的贸易竞争力。

值得留意的是，这一构想的高调推进，又是在多哈回合谈判遭搁浅的背景下开始的。站在世界贸易组织的语境里思考，美欧的构想又有着建构世贸组织"常任理事国"的影子。美欧此举既可跳出世贸组织框架制定新的贸易规则，进而迂回包抄多哈回合谈判，又可借此把非核心国排除在外，谋取新的贸易垄断地位。巴罗佐也毫不掩饰其未来企图，他对外称，"该谈判不仅将为双边贸易和投资制定标准，而且将为全球贸易规则发展立下规矩"，"世界上最重要的两个经济体之间达成自贸协定将促成一个'游戏规则更改者'"。

这是一项高明的战术。当欧美贸易各自步入死胡同时，跨越国家层面的大区域联合，确实能够给这两个老牌资本主义巨头创造新的增长契机，并能利用其规则优势重塑世界贸易体系。然而，这项战术最致命弱点也恰恰是囿于当初的目的（隔离新兴国家），把视野局限在战术框架之内。

同时，美欧政治上的考量，还要经受经济上的考验。搁浅20余年的美欧自贸谈判仍面临重重困难，重启谈判尤为不易，双方既要克服各经济体内部的困难，也要勇于作出让步与妥协。全球经济一体化的当下，不仅美欧之间，中美中欧以及其他新兴经济体与欧美之间联系非常紧密，互补性也非常强。欧美不应把这些放到议事日程之外。

欧美需要谨记，既然给自己赋予新的全球贸易规则制定重任，就要跳出歧视性的思维惯式，制定一个新的既突破世贸组织现有框架又普适发达国家与新兴国家的规则和标准。这一标准既要照顾到发达国家的利益，也要照顾到新兴国家的利益与诉求。若不能做到这一点，欧美自贸协定将难逃失败的命运。

这不是危言耸听。新的全球贸易环境已经变化,尽管推行全球自由贸易化仍任重道远,但由老牌帝国主义主宰贸易的时代早已成为书本上的历史。只照顾发达国家的贸易标准与规则不仅无法输出,还将招致新兴国家的反弹,在两败俱伤的同时,更威胁到全球自由贸易体系。贸易战不是这个时代的福气,对发起国和接受国而言,都是如此。

第十七章　不该让危机终结高福利

经历这波债务危机，我们已很清晰地看到福利制度的脆弱性。福利制度的逻辑依据是凯恩斯主义，通过政府财富转移而确保大规模就业、高福利和完善公共服务，进而通过这创造出来的需求再促进增长，修正市场失灵，确保经济稳定。

欧洲是全球公认的高福利社会。在欧洲很多国家，他们的公民从摇篮到坟墓，都能享受到来自政府的福利。据说有个极端例子，一位德国的先生因患有性疾病，必须靠性刺激药物才能正常过性生活。通俗讲，他要靠"伟哥"才能雄起。为了他的这项权利，德国政府每年要为他支付 4900 欧元的费用。而在享受这些福利的时候，他并不需要付出什么。

作为中国读者，读到这段肯定会觉得匪夷所思。笔者接下来摘录的描述，会更让中国读者慨叹命运之不公：最勤勉的德国人、笔者在本书中最为推崇的国家之一的人们，每周也只需要上班 4～5 天，一天有 4.5 小时午休和咖啡时间，人均年休假 173 天。尽管中国读者有着更多的效率，但很显然德国人享受着更多的公平。

这就是欧洲的高福利制度。不过，世上没有免费的午餐。即使是欧洲的政客，也开始为高福利制度所困扰，而期望着有所改变。高福利制度终因巨大的负债而危机多多。最勤勉的德国，2011 年即有数据称该国养老金等社会福利负债已高达 5 万亿欧元。欧洲已越来越不堪重负。

高福利制度到了该反省的时候

2013 年 3 月中旬,欧盟又在布鲁塞尔开了两天峰会。这次春季峰会,27 国领导人不出意料地争论着紧缩的话题,设想着如何促进经济增长和创造就业。在会场外,是以青年为主的万人示威大游行。

早在峰会之前,欧洲议会议长舒尔茨就开始提及就业的话题,他对路透社的原话是:"我们拯救了银行,却冒着失去一代年轻人的风险。欧盟当前所面临的最大威胁是人们已经彻底对欧盟治理危机的能力失去信心。倘若年轻人也失去了信心,在我看来欧盟就真的危险了。"

有多危险?最新的数据是:欧盟成员国 2600 万人失业,希腊和西班牙年轻人失业率甚至达到 50%,据说希腊 15~24 岁的年轻人中有 57% 没有工作。一位西班牙妇女曾质问舒尔茨:"你们给了银行 7000 亿欧元!你们能给我们多少呢?"舒尔茨不知道该如何回答。

这样的尴尬,对舒尔茨们来说,还仅仅是开始。在高福利的欧洲,经济下滑带来的影响更是致命的。可以说,二战后过惯了富裕日子的几代人,在面对经济下滑的承受力方面要远较过惯苦日子的别国民众脆弱。在民意能够得以制度化地顺畅表达的环境下,他们更容易把一些尴尬送给当政者。

笔者这样说,并无建议或怂恿欧盟当政者压制民意之意,而是借此强调实现紧缩开支与民众满意是一个多么不易实现的两难选择。最终解决这一难题的办法还是要靠发展,以更多的财富来化解因分配而造成的不公平。但这一目标太过理想化,对社会福利制度的反思则是当务之急,欧洲需要在反思的基础上重新建构经济和社会发展模式。

先从历史视角切入。近代欧洲高福利制度溯源于社会主义思潮,肇始于二战之后,是反思与矫正的产物,弥补了资本主义市场失灵等负面效应与弊端,迎合了平等主义的民间诉求。这既是欧洲国家稳定自身的需要,也是各国内部意识形态调整与权力均衡的结果。

福利制度的选择,为欧洲带来很长一段时期的稳定与繁荣。欧洲人享受着全世界最好的福利。然而,经历这波债务危机,我们已很清晰地看到福利制度的脆弱性。福利制度的逻辑依据是凯恩斯主义,通过政府财富转移而确保大规模就业、高福利和完善公共服务,进而通过这创造出来的需求再促进增长,修正市场失灵,确保经济稳定。尽管各国的福利制度有着不同版本,但高福利的表现形式已深入欧洲民众心中。

然而,债务危机暴露了高福利制度背后的部分玄机,不说那些重债国,连经济表现不错的德、法等国也面临增长难题。公平与效率的关系,应该被更好地检讨。传统的观点认为,旨在实现公平目标的高福利会消减效率,而效率的消减又进而损伤福利制度本身。这观点正是近些年对欧洲高福利制度的主流诟病。尽管前些年北欧福利制度的"成功"让这一诟病失色,但这几年的实践却给了欧洲再一次重新反思该观点的契机。

欧洲需要重建财政与预算的可持续性。危机之后,欧洲普遍采取财政紧缩的对策,与之相呼应的是高失业率和增长乏力。而在高失业率和增长乏力的大背景下,财政紧缩必然会损伤经济,而宽松又要以债务增加为代价。可持续性的财政与预算模式,是以可持续性的经济增长模式为前提的。这一判断的引申是,欧洲福利制度,应该在社会公平与经济效率之间找到平衡点。

找到这一平衡点委实不易。降低福利是项危险的政策选择,尤其是在增长乏力、失业高企的当下,降低福利可能会带来社会结构剧变的风险。最佳的选择不是减少福利，而是确保福利的持续稳定。但现实是，欧洲已经在被动地降低福利。认为舒尔茨的担忧是空穴来风的人们，看看欧盟春季峰会会场外列队散步的万余名青年吧。

平衡公平效率，还要靠增长

在写作本小节文字的过程中，同事告诉我一件有意思的事情：她在采访欧洲朋友如何看待债务危机时，欧洲朋友的回答让她有些诧异，欧洲朋友说他们的生活并没受到什么影响，该干吗还继续干吗，完全没有深处危机中的"苦大仇深"。

她这位朋友是生意人，在她采访的几天前，欧元区的失业率仍维持在12.2%的高位，这也是笔者上一篇文章的主要议题。同时在上周，尽管不少观点认为欧洲降低利率收效甚微，但欧央行行长德拉吉仍力排众议（包括德央行行长魏德曼在内的至少三位欧央行管委会委员反对），强行推动下调基准利率，将再融资利率和隔夜贷款利率均调降 25 个基点，分别降至 0.25% 和 0.75%。法国评级也在上周遭标普调降。

难道德拉吉和标普以及各大机构告诉我们的欧债危机，只是一个幻象？须知要动用全球舆论来营造一个欧债危机的幻象，可不是闹着玩儿的，也几乎是一个不可能完成的任务。难道同事的欧洲朋友在说谎，这更没动力，相信这位朋友不会为了欧洲荣誉感和政治正确给自己"惨淡"的生活贴金。

真实的图景应该是，欧债危机是真真切切的存在，这位欧洲朋友的感受也是真真切切的。尽管他不属于12.2%的失业者，他传达的信息仍代表着他直接或间接的体验，这至少可以说明，欧债危机中的欧洲人民，仍生活在非常高的生活水平中，欧债危机并没有给他们的尊严带来多少影响。其实，笔者获知的不少信息也直接或间接地印证着这一点。危机中的欧洲人民，生活水平仍远远高于经济高速增长的中国人民。

当然，生活水平的比较并不是本节探讨的主题，笔者想接着检讨欧洲的高福利制度，正是这一制度让欧洲朋友感觉好极了，以至于对如何走出债务危机争吵了数年后，仍不觉得这对个人生活有哪些影响。然而，我们冷静下来，就很容易捋顺这背后的逻辑：好极了的感觉能够持续的前提，是高福利制度能够持续，而高福利制度能够持续，则取决于债务危机的结束和经济的增长。

换句话说，经济增长是高福利能够持续的前提。这意味着欧洲人民要想持续感觉好极了，其实需要的不仅仅是这个逻辑，而是更理想化的模式：经济增长与高福利长期并存，也就是公平与效率长期并存。不过从实践看，这一理想化的模式正在遭遇考验：公平与效率之间是替代关系还是平行关系？公平真的不会损害效率吗？公平能够促进效率的提升吗？更进一步说，欧债危机是终结这一模式的祸因吗？

根据危机前的数据统计，欧洲的四种福利国家模式（北欧模式、莱茵模式、盎格鲁—撒克逊模式、南欧模式），与美国重效率轻公平的模式相比，典型的特点就是既兼顾了效率又兼顾了公平，不少学者研究后得出的结论是：公平与效率之间并不存在必然的替代关系，认为公平与效率不可兼得的观点是一种偏见，公平与效率存在一种正相关关系，社会公平状况较好反而可以促进经济效率的提升。

欧洲高福利制度其实从更深远的视角理解，是对资本主义危机的矫正。欧洲福利经济模式，是各方力量博弈的结果，其要旨在于寻求自由经济与福利社会的均衡。当前的疑问是，欧债危机会否终结这一模式。要探讨这个问题,恐怕还得回到原点:公平与效率到底是何种关系。对这一问题的研究汗牛充栋,笔者毫不怀疑即使从实证角度研究,很容易得出两者负相关的结论,也很容易得出两者正相关的结论。陷入两者的关系困境意义不大,更切实的理解应该是,公平与效率的平衡恰恰体现着一个社会的平衡状况,过度强调效率与过度强调公平都会滑向失衡的边缘,而对两者的最佳约束既取决于经济运行理念,也取决于社会制度环境等。

再回到欧洲现实。我们在检讨高福利制度时,是不是既需要考虑如何实现二者的均衡,也需要考虑欧洲当前的社会制度环境。当前最紧迫的问题是解决债务危机,重回正常的增长轨道。更长远点看,通过制度完善来确保增长的健康有序,或许是更为重要的问题。

一种视角:挪威石油基金的启示

不过,我们应该都明白,解决增长问题,需要长期着力。而眼前如何利用现有资源,为高福利提供持续的动力,则是另一个有趣且实用的话题。在这里,挪威石油基金的案例就值得一谈。

2013 年 8 月 9 日,一件看似不起眼的新闻被发布:挪威石油基金成立公司治理咨询委员会,并任命三名英国公司治理和财务专家进入该委员会。三人分别是英国保险协会前投资事务部门负责人彼得·蒙塔尼翁(Peter Montagnon)、英国《金融时报》专栏作家约翰·凯(John Kay),以及沃达丰、劳埃德银行以及哈默森公司董事托尼·沃森(Tony Watson)。

这三人被选中盖因其各自领域的专业素养和资历。挪威石油基金首席执行官英格维·斯勒格斯泰德(Yngve Slyngstad)解释说,这三名董事将充当长期所有权问题以及某些特定问题的参谋。据悉,该基金目前的重点工作是在其持股 10 亿美元以上的公司治理中发挥更积极的作用,其采取的措施有:建立和上市公司董事会主席的对话以及在挑选董事过程中发挥影响。

一句话:上述举措,都是为了向更积极的主动投资转型。可以想见,这些新的调整,与下述动向有关:该基金近年正在加大投资全球尤其是新兴市场的资本市场和房地产市场的力度。上半年,先后斥资 6 亿美元在纽约、华盛顿和波士顿买办公楼,购买瑞士信贷集团总部大楼,收购谢菲尔德购物中心 Meadowhall 50％股份并花 24 亿美元在欧洲买仓库等。地产资产在其投资中占比 0.9％,2012 年 9 月仅为 0.3％,据说近年内将升至 5％。同时还加大了中国等新兴市场的股票投资,2012 年年底已持有中国 303 家公司股票,投资回报率 13％。

笔者作了如是翔实的描述,可不是为了介绍一个简单的财富故事。上述事实的看点是,这家北欧小国的主权财富基金,目前全球最大且享有盛名,其一向以稳健著称,而今该基金正在进行着转型。作为总资产达 7600 亿美元的主权财富基金,转型的动因既有国内的政治经济因素,亦有未来发展的考量。

作为非欧盟成员国,挪威是受欧债危机影响较小的国家,失业率只有 3.5％。不过,覆巢之下岂有完卵,挪威也开始受到冲击,工业投资减少、失业率上升以及出口减少。2013 年 7 月份 CPI 按年升幅加快至 3％,超出市场预期的 2.3％,PPI 按年升幅则扩至 3％。这是个长期靠石油为生的国家,而石油收入也开始减少,仅挪威国家石油公司 2013 年一季度税前利润 322 亿克朗,比 2012 年同期减少 252 亿克朗。在这样的背景下,挪威又迎来大选年,工党领导的联合政府受到的批评声多了起来,保守党也讨论称如果重新掌握政权,将对石油基金一分为二进行分拆,一块专职做股票,一块专职做债券。

从这些事实来理解,挪威石油基金的转型举措就不再显得突兀。作为最成功的石油产业基金,挪威石油基金从 1996 年成立以来就仰赖石油为生(挪威的石油收益全部放入该基金),而基金又很好地为养老福利做好了准备。基金的成立肇始于对 20 世纪七八十年代经济过热的矫正,在石油收入与国民经济之间建立起类似蓄水池的缓冲机制。基金由挪威央行投资管理机构(Norges Bank Investment Management,NBIM)管理,这一制度设计因其成效受到国际广泛赞誉。该基金目前的价值相当于挪威经济总量的 40％以上,2012 年收益上涨 13.4％,为有史以来第二好。

由于身份特殊,挪威石油基金向主动投资转型亦在情理之中。这已不仅仅是策略的变化,更是对挪威政治经济与舆论的因应。加大对中国等新兴市场的投资,是为了弥补风险敞口过大的风险;添兵买马加大对所投资公司治理的影响,是为了增强战略性考量;加大对地产和股票市场的投资,则是出于对未来全球投资机会的判断。2008 年前后的次贷危机,几乎干掉了挪威石油基金之前 10 年的全部收益。欧债危机会不会继续发酵再干掉这几年的收益,也未可知。鉴于此,转型成为最政治正确的选择,结果如何仍有待观察。

故事讲到这里,关于挪威石油基金的部分背景和经验仍不应舍弃。作为国有财富基金,至少从过去来看,国有化的标签并不是区分是否有绩效的主要因子,"高效率、低成本"仍是该基金的主要特点。尽管受到反对党"财政政策不负责任,经济过分依赖石油而毫无竞争力"的批评声,该基金仍可作为全球依赖能源资源国家的榜样。因为其为能源资源收益与经济未来发展如何有效循环提供了一个不错的模板。

第十八章 消解极端势力的生存土壤

忽视经济的真正病因,转移投射对象进而迁怒投射对象,在欧洲曾有过历史教训,而这一教训如今看来并未被真正吸取。这就是历史上的纳粹主义。纳粹主义最明显的特征是种族主义,鼓吹社会达尔文主义。

欧洲该不该对极端主义思潮加以担心? 事实是,不管该不该,欧洲部分政客已经表达了担心。极端主义的可怕不在于是不是走上历史舞台,而在于其"极端"二字。纵观历史,这种极端常常伴随着片面与无知,也常常与毁坏和毁灭相连。希特勒是极端主义的典型,也是欧洲的噩梦。

今天的欧洲,相信对极端主义已多了些警惕。但这种警惕更多存在于部分政客和学者那里,普通民众并不容易识别经过包装后的新极端势力。尤其是当经济下滑时,不知不觉滑向极端就是很多人的通病。近几年的欧洲现实,已经给我们部分演绎了这一逻辑。

极端势力在各国都有抬头

2013年1月11日,法国总统奥朗德宣布,应马里政府要求,法国决定出

186

兵平叛,因为恐怖分子已经威胁到马里的生存,国际社会不能坐视不管。12日,奥朗德发表电视讲话,要求总理艾罗尽快提高反恐预警方案"警惕海盗计划"的级别,以加强防范本土遭受恐怖袭击的能力。

作为马里的前宗主国,法国再次以出兵的名义证明了影响力的存在。法国大兵随后在马里北部重镇科纳发动空袭,100余武装分子丧生。这些都不是笔者所关注的,笔者真正关注的是奥朗德对防范本土遭袭的提醒。不过,奥朗德总统更应该担忧的是来自本土的极端势力可能造成的威胁。

这不是危言耸听。先说个看似有趣却发人深省的现象。法国也有传统意义上的新年,不知从何时起他们开始有了个传统——"烧车迎新年"。报载,2005年巴黎郊区骚乱后,新年烧车数开始激增,2009年新年夜共烧毁1147辆。2010年萨科齐政府便停止了公布数字,原因是这一庆祝方式开始夹杂些发泄情绪的因素,内政部怕刺激公众。2013年的数据则是1193辆,警方逮了339人。

"烧车"不是偶然现象,类似的行为也不仅仅发生在法国。一些极端行为开始频繁地冲击现有的社会模式,更让人担忧的是"新纳粹"思潮与行为也开始在德国等欧洲国家生根发芽并蓬勃生长。基本达成共识的判断是,这些行为,是欧债危机及经济下滑的副产品,与之相伴的常常是经济不景气、失业率高企、民众生活水平下降等显见指标,这些指标的政治影响则是近期多被人热议的各国极端势力在政治舞台上的影响力上升。

具有标杆意义的事件还是在法国。2012年4月奥朗德参与的总统大选,第一轮投票即出现了极右翼代表、国民阵线候选人玛丽娜·勒庞一反常态收获19.9%选票的现象,左翼激进力量"左翼阵线"的选票也历史性地突破了10%。这次选举的最后结果是代表左派的法国社会党的奥朗德当选,避免了极端势力登顶政坛。

不独法国，欧洲不少国家都发生了极端势力抬头的迹象。2011 年 7 月 22 日，挪威首都奥斯陆发生了二战以来最恶劣的爆炸和枪击事件，舆论怀疑是右翼极端分子所为。希腊在 2011 年选举时，极端主义政治力量超过了两大主流政党中的任何一个。

最近的是 2014 年 5 月份的欧洲议会选举，极端势力和反欧盟政党表现抢眼：法国以反移民和欧元为主旨的"国民阵线"成为第一大党，赢下欧洲议会 22 个议席；英国独立党在选举中领先保守党和工党，得到 12 个席位；反对移民的丹麦人民党击败执政党社会党跃升该国第一大党；在意大利、奥地利、希腊和匈牙利，极右翼政党都冲到前三名的位置；即使在最支持欧盟一体化的德国，新成立的主张退出欧元区的"另类选择党"也获得 7% 的选票。欧洲议会面临极端政治力量攻陷的风险。

为此，欧洲事务专家、英国政府顾问艾里克森认为："今后 5 年，欧盟将遇到比过去 5 年更为复杂的政治局面，比如英国 2017 年可能进行公投决定是否留在欧盟，德国总理默克尔和荷兰首相马克·吕特希望在布鲁塞尔建立新的工作秩序、希望进行更大的改革等。"

绥靖极端主义不是未来

这意味着，防范极端势力登上政治舞台，已到了被列入负责任的政治家的工作日程的时候。现实情况是，在不少国家，已具备了极端势力上台的政治土壤，这一方面要拜欧债危机所赐。债务危机的始作俑者往往是资产阶级，而遭受最大危害的却是中产阶级或底层民众。债务危机最早反映在生活上，接着就反映在人们的思想上，这时，经过粉饰的偏激思想，就很容易到达这部分人群的心灵最脆弱处。伦敦政治经济学院贝格斯教授在 2014 年的欧盟议会选举后就认为,近年来,一些国家面临失业严重、经济问题丛生、社会矛盾加剧等多重困境,给反欧盟的势力带来可乘之机。

另一方面,近些年欧洲各国民族结构的变化,又为这种思潮提供了可替代性的投射对象。结构的变化主要体现为外国移民的增多。除了西欧向东欧的欧洲内部人口迁移外,来自非洲、中东和土耳其等国的合法或非法移民增速也很快。比如之前提到的土耳其,7400 万民众中有 600 万移民欧盟,其中德国就有 300 万。这些移民在经济正常时满足着欧洲的劳动力需求,而一旦经济不好就又被视为外来抢食者,成为舆论或民意诟病的对象。

忽视经济的真正病因,转移投射对象进而迁怒投射对象,在欧洲曾有过历史教训,而这一教训如今看来并未被真正吸取。这就是历史上的纳粹主义。这段历史并不久远,当年的"纳粹二代"健在者仍多,比如被尊称为"纳粹公主"的海因里希·希姆莱之女古德伦·希姆莱(1929 年生)。纳粹主义最明显的特征是种族主义,鼓吹社会达尔文主义。该主义产生于战争与经济危机的大背景,并在魏玛共和国各主要政党(共产党和社会民主党)的绥靖政策下上台。

殷鉴不远,极端势力有借危机抬头的可能,"新纳粹"亦有卷土重来之势。比如希腊议会 2012 年 5 月就吸纳了新纳粹政党金色黎明党加入,拉脱维亚前武装党卫军举行年度游行也获得总统支持,"紧密团结在多特蒙德国民抵抗组织身边"这样的极端标语更是出现在德甲多特蒙德球场,甚至,"新纳粹"制造的袭击或凶杀案也时有发生。欧洲各国需要做的是提高警惕,收起绥靖心态,切实解决为极端势力提供土壤的增长难题。倘若不加以重视,不说未来的发展,就是当下的一体化进程都将受到阻碍。须知,极端主义思潮主导的欧洲,不应是欧洲的未来。

第十九章　需重新审视创新环境

当我们看到欧洲经常挥舞碳税或知识产权保护大棒向世界不少国家和地区收取费用时，我们还应该看到隐藏在大棒背后的创新乏力。欧洲除了需要警惕因整体经济下滑、企业外迁、创新投入不足的风险外，也该腾出手来重新审视影响创新发展的制度环境。

2013 年夏季达沃斯年会，在中国大连举行。这是世界经济论坛在中国举办的第七届夏季年会，也从一个侧面印证着中国经济在全球的地位。这次年会关注的同样是一个重要的主题——"创新：势在必行"。

这是个全球性主题。尤其是世界经济正处于危机之中的当下，这个主题更显得弥足珍贵。这个主题被全球关注，既表明世界已把创新作为走出危机的药方，也说明世界对走出危机的渴望，更说明世界已容不得对创新有一分一毫的耽搁。创新被全球经济走出危机寄予重托，更被各国重塑本国竞争力寄予厚望。

高调倡议创新的另一面，是尽管全球都在关注，也都意识到创新的重要性，但仍存在很多制约创新的因素。历史上的"老欧洲"，在很长一段时期都是全球创新的典范。然而，在近些年有些落后了，也可以说欧洲对创新能力开始有了更多的担忧。

"老欧洲"怎么解决创新难题

创新是现代工业与现代经济的生命源泉,从历史看几乎每一次经济大腾飞背后,都与生产工具或生产方式的革新相关联。从某种程度上说,中国近几百年的历史,就是技术革新和生产方式滞后的历史,而这又直接决定了中国的政治经济和社会结构的变迁。

与这一负面形象相对的,正是欧洲。工业革命改变了欧洲大陆的历史,又进而影响到全球进程。用英国学者麦迪森的话说,近代欧洲经济领先最根本的条件是欧洲人认识到人类具有通过理性考察和试验改变自然力的能力。欧洲国家外向型的思维方式,刺激了竞争和创新。自此始,欧洲一改远远落后东方的历史,创新也开始融入欧洲人的基因,又进而引领着世界风向。

不可否认,那是一个发明家群星璀璨的革命性时代。尽管工业革命的出现有着深刻的政治、社会和经济根源,是资产阶级革命的必然结果,但与之相关的制度与思想背景也不容忽视。工业革命时期的英国,充满着对技术进步的开放态度,并且专利制度的保障和可观的利润刺激也激励着发明者对技术的不同可能性的探索。

工业革命时期的经验,为之后200多年欧洲创新史奠定了基础。对这段历史的分析文章和书籍可谓汗牛充栋,最有价值的经验有两点:激励和制度保障。可观的利润保障和社会美誉度刺激着技术人员不断地创新、不断地发明创造,而专利制度的完善和相关法律体系的逐步完备又确保了发明创造的产权明晰。在此前提下,教育与人才培养体系的进步和思维方式的改变又确保了创新精神的可复制性与可延续性。工业创新随着贸易与战争从欧洲核心国向外围蔓延，进而蔓延至全球主要国家。

这是欧洲的创新史。但与历史相比，欧洲辉煌的过去已呈现出先发劣势。目前的世界创新领域，欧洲早已让出了冠军地位。根据中国社科院欧洲所发布的《欧洲发展报告》统计，近 5 年来欧盟的创新能力不及美国，甚至连日本与韩国也不如，仅仅与加拿大基本接近。美国有 10 项指标的表现明显好于欧盟 27 国，日本也有 7 项指标优于欧盟。尽管欧盟目前的创新能力明显优于金砖五国，对印度、俄罗斯、南非保持稳定的优势，对巴西的创新优势仍在扩大，但对中国的创新优势正趋于缩小。

创新能力的落后可不是好消息，尤其是在欧债危机仍没有摆脱的当前。全球主流经济学家也把重大技术创新和制度变革作为走出危机的重要前提，尽管这些观点并不一定具有历史性和前瞻性眼光，但不可否认创新对当前欧洲经济发展的作用已被充分认知。3 年前，欧盟开始实施"欧洲 2020 战略"，加大研发投入、增强创新能力、赶超美国的意图已很明显。2010 年 10 月推出"创新联盟战略"，2012 年在原材料、农业和老龄健康领域启动欧洲创新伙伴关系计划，又推出"研究与创新国际合作新战略"。较近的消息是，2013 年 7 月 10 日，欧盟宣布未来 7 年在关键工业领域投资超过 220 亿欧元促进创新。

尽管如此，欧洲能否重振创新雄风仍有待观察。欧洲仍有诸多制约创新发展的因素，比如 27 国发展不均衡，研发投入能力有限，人才培养方面也偏于保守，更重要的是欧洲的市场环境也不如美国等国更利于创新的培育与激励。创新，是老欧洲面临的新难题，解决这一难题恐怕还需要回归到与经济的良性互动。而这，恐怕又是个世纪难题。

需审视影响创新的制度环境

咨询公司埃森哲（Accenture）就对欧洲的创新表示了担忧。2013 年 5 月份，该公司发布了一份调查报告，称 10 年内中国的创新能力将超过欧洲。这项由商业游说团体 Business Europe 委托对 500 名欧洲商界领袖所作的调查，充满着深深的欧洲式担忧——欧洲经济正陷入萧条，而华为等中国企业追赶的步伐可没停着。

2/3 被调查者担忧的是，因欧洲经济疲软导致的工业下滑，让企业不愿拿出更多现金用于新增投资、培训及研发，而失业率的攀升也让劳动力竞争优势减弱。为应对创新不足，这些商界领袖希望政府投入更多公共资金用于研发，并通过减税等措施为企业创造更好的融资环境。重建欧洲的技术基础与拓展融资渠道，正是埃森哲该报告给出的解决方案。

这份有着强烈游说色彩的报告，对欧洲目前的创新现实作了准确的描述，但对未来的展望则过于悲观。建设创新型国家是中国当前的国策，中国投入大量资金用于创新，中国的不少企业也开始意识到创新的重要性进而投入资金和人力，中国社会也开始形成对建设创新型国家的共识，但认为 10 年内中国创新力超过欧洲则有些过于担忧。

当然，要得出这个结论，并无看起来更为可靠的量化指标。但认真审视一下中国的创新现实，担忧并不比欧洲少：从国家战略与资本层面讲，中国近些年开始投入大量资金用于创新，但创新投入的效率却很低（高校与科研院所受制于传统体制与文化，纯粹的技术型人才被轻视或怠慢是常有的事儿，同时科研成果的市场转化率亦很低，重复与抄袭全国各地比比皆是）；创新往往由产业推动，但中国的不少产业尚处于低端状态，产业升级的难度很大，创新型发展可望而不可即，而不少不缺融资渠道与创新条件的企业又多急功近利，创新的回报并不那么直接与快捷，追逐更利于获取利润的渠道成为首选，实业被轻视，"实业空心化"现象严重；再者，中国又缺乏好的创新保障制度与环境，比如轻视知识产权、抄袭长期被纵容等，这在一方面促进采取后发战略的中国取得了过往的成就与进步，另一方面又开始制约中国未来创新的发展。中国如果任由"实业空心化"和"创新口号化"继续下去，欧洲压根儿不用再加以担心。

欧洲与中国的最大不同在于创新的环境不同，欧洲处于后创新时代（由一度为世界最领先的创新地沦落到仰美国、日本之鼻息），而中国尚处于创新前时代。不同的环境需要有不同的策略，欧洲确实不乏需要检讨之处。

欧洲需要检讨现有的知识产权制度。不可否认，欧洲的知识产权处于世界最领先位置，主流观点认为知识产权的完善恰恰是创新的促进与激励，不少国家如中国亦把完善知识产权保护作为建设创新型国家的首要前提。笔者毫不怀疑知识产权对处于创新前时代的中国的积极意义和长远价值，但希望欧洲警惕知识产权保护扩张所带来的负面影响。由于知识产权保护的成本下降、收益上升，激励着知识产权保护的扩张，而这一扩张又客观上减少了新知识财产的数量，提高了新创造者的输入成本，进而又对创新起到某种程度的阻碍作用。中国等发展中经济体科技快速发展与知识产权保护滞后并存的现实可提供某些经验借鉴。

这是处于后创新时代的经济体最容易陷入的怪圈，而主流观点亦常常对此缺乏足够的认识。知识产权保护过度扩张的更大风险在于，其因获利的成本低廉而挤占创新资源的同时，更容易激励政府或企业把追逐知识产权保护扩张作为目的而忽视了创新的本来目的。当把知识产权保护扩张作为目的时,创新被忽略也就不足为奇了。

当我们看到欧洲经常挥舞碳税或知识产权保护大棒向世界不少国家和地区收取费用时,我们还应该看到隐藏在大棒背后的创新乏力。欧洲除了需要警惕因整体经济下滑、企业外迁、创新投入不足的风险外,也该腾出手来重新审视影响创新发展的制度环境。

第二十章　不靠谱又离不开的盟友

美国对欧洲公民的监控，如果事实确凿则已超越欧美数据共享的范畴，并且也已超越对本国公民的监控范畴，是对欧洲公民隐私权的入侵。

终于该说到美国了。按说本书在谈欧洲，也不该对美国置喙太多，但美国确实又是个绕不开的存在。这对全球主要国家，都是如此，何谈欧洲。从战略地位讲，美国是欧洲的盟友，都是北约的主要成员；但从欧美之间的关系讲，又常常混杂着战略冲突与竞争，也缺乏点信任，尤其让欧洲不能接受的是，美国对欧洲各国"周到"的"无微不至"的监控。

对美国的特殊关爱，德国人最先忍受不了了。2014年7月10日，德国作了一个让世界震惊的决定：驱逐美国驻德使馆情报机构代表。德国外长在解释这件事时说，"这是一项正确决定"。不过他也给美国留了点儿面子："这是应对信任破裂的必要步骤和适当反应。在我看来，采取这一行动不可避免。我们需要并且期盼建立在信任基础上的关系。"

欧美，这对素有亲缘关系而后又相互逆袭的"冤家"，注定将在波折中前行。

遭美监听，德法很生气

监控也会上瘾么？如果您看到最近美国情报机构的所作所为，您的答案很显然是：Yes！您想不到的是，不仅是对敌对国和中立国，美国监控的触角居然还常常伸向盟国，伸向"亲密无间"的伙伴国。

自从斯诺登这个"傻孩子"曝料捅破了窗户纸，欧洲在美国面前，相信"总有种脱光了衣服的感觉"。2013 年 10 月，美国国家安全局（NSA）被《世界报》报道称其对法国公民进行"完全不可接受的"大规模监听，仅 2013 年一段为期 30 天的时间内，电话通话数据就被访问了 7000 多万次。法国很生气，外长洛朗·法比尤斯（Laurent Fabius）为此召见了美国驻法大使。法国内政部长曼纽尔·瓦尔斯（Manuel Valls）也表示"震惊"，表示"如果一个盟友监视法国或其他欧洲国家，那是绝对不可接受的"。

德国也好不到哪儿去。不仅国家遭到监听，连总理安格拉·默克尔（Angela Merkel）的手机都是美国监听的目标。为此，德国外长韦斯特维勒 2013 年 10 月 24 日紧急召见美国大使，向美方表达了不理解和愤怒之情。这是美德关系史上德国外长第一次召见美国大使。

法国和德国表达了强烈愤慨，美国仍像对待国内的质疑一样，先来个闭口不认账，实在否认不了再承认。美国总统奥巴马紧急致电奥朗德进行安抚，并且在接到默克尔电话时也一再强调"美国现在没有、将来也不会窃听总理的通讯"。不过，之后奥巴马还是被迫承认。以至于默克尔在布鲁塞尔开会时提议欧洲需要与美国政府签订新的数据保护协议："这不仅关乎我一个人，而且关乎每一个德国公民。我们必须信任我们的盟友和伙伴，而这种信任如今需要重新建立。"

尽管也有享受监控的,比如英国首相卡梅伦就表示"不会像德国和法国一样,考虑重新评估与美国的情报合作关系",但这并不能平息欧洲各国的愤怒,也不能弥补欧美之间的隔阂。从德、法事后的表现看,后果似乎很严重。最直接的后果是,欧美之间数年来的数据共享机制将面临直接考验,双方可能需要重新谈判修正合作框架。

更进一步说,欧美需要重塑信任关系。"监听门"的要害在于,一旦潘多拉的盒子被打开,信任危机就像瘟疫一样,蚕食着欧美之间的温情。德、法等国的强烈愤慨背后,体现的是对美国的极度不信任。而对这一不信任的修补,主动权在美国,取决于美国以何种态度和行动来回应欧洲各国的质疑和担忧。

然而,我们看到的是美国的傲慢。尽管奥巴马总统也出面撇清监听情节,但这些言辞背后很有些不以为然的味道:美国从未对本国民众实施非法监控,更未对盟国进行非法监控。美国人最初并不认为 NSA 的行为有什么过错,甚至美国媒体还出面辩解。美国《野兽日报》在情报官被驱逐后辩解说,美国需要监视德国,理由是德国与伊朗保持亲密的商业和政治联系,还容纳了大批亲俄合作分子,不搞情报活动才"真是疯了"。

从更长的视角看,美国对盟国的监控,并不是个新话题。早在 2000 年的"甘贝尔报告"就表明,NSA 曾通过"大耳朵"电子间谍卫星系统监控别国。那时的德、法等国就像刚出道的雏儿,因不小心在美国面前赤身裸体而出离愤怒。10 多年后,还能再像上次一样无辜地表达完愤怒后就不了了之吗?德法已经认识到,在美欧关系上,要想不再像往常一样屈从,任其肆意偷窥和摆布,是到应该做些什么的时候了。于是,就有了情报官被驱逐的情节。

"棱镜门"考验欧美数据共享

欧美因监控而引发争执的始作俑者,是斯诺登。他就像安徒生童话里那个天真的孩子,把皇帝不穿衣服的事实告诉了全世界。这不仅让一向指责别人侵犯网络安全与隐私的美国难堪,也让美国身边的"大臣们"难堪。这些"大臣们"就包括欧洲,因为他们也要向同样爱惜个人隐私的自己的人民解释。

当逃亡俄罗斯的美国中央情报局技术员爱德华·斯诺登通过美国《华盛顿邮报》和英国《卫报》曝料称,美国国家安全局(NSA)和联邦调查局(FBI)正通过一个代号为"PRISM"(棱镜)的机密项目,监控美国以及世界上其他国家的民众时,作为被监控目标之一的欧洲各国再也坐不住了,像受了欺负的圣女一样要求美国给予解释的声音此起彼伏。

德国司法部长施纳伦贝格尔(Sabine Leutheusser-Schnarrenberger)感到"震惊",敦促美国"迅速公开事实,澄清一切",德国绿党议员简·菲利普·亚伯雷希则称,"我们必须要澄清:对民众进行监控不是我们想要的"。瑞士联邦外交部致函美国驻瑞士使馆,要求给予合理解释,瑞士议会还将讨论是否给予斯诺登庇护。欧盟委员会分管司法的副主席维维亚娜·雷丁则致信美国司法部长要求就"欧洲公民是否是美国'棱镜'项目的对象"等7个问题给予答复。

欧盟与欧洲各国有这些激烈的反应,倒并不奇怪。我们都有理由相信在过去的时间里,政客们都对以国家利益或国家安全的名义侵犯公众隐私的行为心照不宣地保持沉默。比如德国一个博客作者就曝料称,2012年由联邦议院委托的调查显示美国相关部门自2008年以来就可以自行获取欧洲方面的数据，"斯诺登有关 PRISM 的曝料对一定级别的人来说并不新鲜"。

当心照不宣的平衡被打破，欧洲各国的政客们就不能再继续保持沉默。这意味着"棱镜门"事件将会给美欧之间的数据共享产生阻碍。有议员就抱怨说，10 多年来他们一直屈从于美国政府的要求，允许美国访问欧洲的财务和旅游数据，现在是该重新考虑这些协议的时候了。

事实上，欧美已有多年的数据共享史。早在 20 世纪末，美国就宣布以"完全与开放"的姿态共享由国家投资获取的科学数据，欧盟也制定一系列与数据共享相关的法律法规。欧美之间也签署多项数据共享协议，比如 2010 年 6 月份双方签署银行数据共享协议，目的是便于追踪被指控的恐怖分子。根据协议，美国财政部可获得来自欧盟的金融数据，以帮助调查、搜索、识别与起诉恐怖分子及其经济资助者。同时，欧盟也很享受美国方面提供的信息，因为这些信息对欧盟反恐也大有裨益。

然而，这些数据在多大程度上会侵犯个人隐私，不管是美国还是欧盟政客，都对之采取了弱化的态度。其实，欧洲在思考数据共享等问题时，已考虑到个人隐私问题，为此还制定了翔实甚至有些烦琐的《隐私权法》，诸如《关于电子通信部门处理个人数据与保护隐私的指令》等一些可操作性较强的法律法规也相继出台。事实证明，这些法律法规的短板很快就被"棱镜门"照出，欧洲议会已开始考虑重新修改现有的数据保护法。

只不过，欧洲的这些做法，仍是给围观"未穿衣服的皇帝"的欧洲公民的眼睛蒙上一层纱布，让美国这位"皇帝"看起来仿佛穿了层衣服。因为现在的关键是，美国对欧洲公民的监控，如果事实确凿则已超越欧美数据共享的范畴，并且也已超越对本国公民的监控范畴，是对欧洲公民隐私权的入侵。站在这个角度，欧美双方仅仅靠调整数据共享协议，已不足以安抚欧洲公民受伤的心。

美欧之间的爱恨情仇

继续间谍案。默克尔很生气,她甚至于 2014 年 7 月 7 日在北京当着中国总理李克强的面批评美国,"我一直认为的德、美相关部门充满信任的盟友间合作,事实上并不是那么一回事。现在矛盾与冲突非常清楚"。但回头,她又对外表态说德国与美国的关系根深蒂固。没人怀疑,她在北京时确实非常生气,但回国后几经权衡,又发表了缓和德、美关系的言论。

这是德、美之间的关系,某种程度上也代表着欧美之间的关系:互为盟友又互不信任,互不信任又互不离开,真是一番爱恨情仇。由于美苏争霸,欧美正式走在一起,北约的存在即为那段历史的最好见证。美苏的对抗结束后,欧美似乎开始了一段各自的生活,直到美国塑造出了新的威胁对象,几近失落的北约又重新被组织起来遏制俄罗斯,美欧又站在一起商谈美国重返亚太后经济该怎么办。可以断言,乌克兰危机会进一步强化北约统一的导弹防御系统建设,并进一步增强彼此的凝聚力;2013 年 6 月开始的欧美《跨大西洋贸易与投资伙伴关系协定》(TTIP),也会取得实质性进展。

这些是欧美关系的正面因素。然而,正如双方之间时不时会来一次间谍案一样,欧美之间注定要从貌合神离走向貌不合神也离。这么说绝非挑拨离间,而是由双方的禀赋所决定。

其一,欧美有着各自的战略目标,而两者很难同步。欧美走近是因为外敌,即使这个外敌存在,也未必总是双方共同的敌人。美国的战略目标是独霸武林,这一目标的特点是不能容忍挑战者,而欧盟却又是实力极强的挑战者之一。仔细观察可知,美国对欧洲的遏制随处可见,北约的主导权之争,欧元与美元之争，都是很好的观察维度。

其次，欧美显性和隐性的经济冲突，也很难调和。明面看，TTIP 的谈判诱因是双方的经济合作，但这并不能化解双方的经济冲突。欧元的出世，对美元即是直接的挑战，遏制欧元也会成为美国的经济战略。看看美国次贷危机欧洲吃药即可知其一二。双方部分核心产业的同质化，也会消解贸易合作的动能。近期美国对欧洲银行业的压制（重罚法国巴黎银行、强迫瑞士放弃银行保密制度等），已激起欧洲的强烈不满。笔者所在的媒体采访瑞士议长格尔曼（Hannes Germann）和驻华大使戴尚贤（Jean-Jacques de Dardel）时，这两位就抑制不住对美国的反感。

欧美这些天然的冲突，决定着双方各自的行事方式。美国为了独霸武林，处事会更霸道也更专断，尽管多以民主自由的姿态出现，但根子里的霸权思维不会有任何改变。而欧洲则暂时没有这些包袱，欧洲已无来自外部的大的战争威胁，内部发展是欧洲最大的政治，欧洲在之后很长一段时期，都会把经济放在内部建设上，这也决定了欧洲更不愿意插手过多国际事务，也意味着欧洲会更和蔼可亲。欧洲的形象，对世界是好事，也更有利于全球合作和一体化。但这对美国而言，则就不那么悦耳动听。双方的不合拍，注定了这段感情路更纠结，更多了些爱恨情仇。

第二十一章　投资欧洲是个技术活

　　欧洲各国发展不平衡,不要期望一本"孙子兵法"包打天下。欧洲各国尽管大都受债务危机困扰,但各有各的故事。

　　细心的读者可能会发现,近年来,关于向欧洲投资移民的信息多了起来。类似"西班牙、葡萄牙购房移民讲座"经常可以在街角看到,也有不少中介机构把业务转向欧洲投资,连胡润发布百富榜时,旁边的展台几乎也全是投资移民或购房类的中介。这些信息似乎都在暗示人们,把钱投到欧洲吧,那里有大把的赚钱机会。

　　在中国颇有影响力的标杆式人物是李嘉诚。这位香港大亨,一直被中国人尊崇为能够随意腾挪集聚财富的传奇,而他的选择就是抛售资产,转投欧洲。据不完全统计,截至 2014 年 8 月,他已抛售亚洲资产近 800 亿(1 月 22 日,电能实业分拆港灯电力投资上市集资约 241 亿港元;3 月份,李嘉诚出售屈臣氏股份近 25%,作价 440 亿港元;3 月 14 日,和记港口信托减持亚洲货柜码头 60% 股权,套现 24.72 亿港元;8 月 12 日,出售和记港陆近七成股权,套现近 40 亿港元),据说这之中的不少资产都已经或将要投向欧洲市场。

　　资本逐利而动。李嘉诚的举动,被解读成欧洲市场已到底部的信号,抢先埋伏以待转机,是商人的绝佳选择。李嘉诚的判断准确吗?欧洲有哪些资产值得关注?到欧洲投资又会有哪些风险?

欧洲买房已处于谨慎乐观期

2013 年 8 月下旬,有一则投资界人士颇为关注的新闻:有媒体透露,黑石 (Blackstone Group)房地产部门正悄悄募集一只 50 亿美元的欧洲房地产基金。这则消息透露出的信号意义不容小觑。作为一家总部设在纽约的另类资产管理机构,房地产业务部门是黑石的核心部门,也是最大的业务部门,管理着 640 亿美元资金。黑石的举动,很难不引起世界兴趣。

虽然并不是黑石的每次举措都判断准确,但这次动作仍透露出一点颇具指标意义的选择:欧洲地产已具有选择价值,最起码已具有"潜伏"价值。黑石集团总裁托尼·詹姆斯(Tony James)在 2013 年 7 月也曾说过类似意味深长的话:"交易活动似乎正在从原先的重点美国开始向经济受困的欧洲转移。"

尽管目前仍很难判断黑石的投资是进退有据还是"自我实现",最起码当时有两点信息为黑石背书:首先,欧元区的消费者信心指数确实在回升,2013 年 8 月的数据显示欧洲 17 国消费者信心指数初值为－15.6,已创下 2011 年 7 月以来连续 25 个月的新高并好于市场预期。市场认为欧元区已走出史上最长衰退后正蓄势复苏。其次,部分机构预测因新兴市场货币贬值和美国退出 QE 压力,会引起资金流出新兴市场,不排除流向欧洲市场的可能。法兴银行预测说,将有 1000 亿美元共同基金和 ETF 基金回流欧洲。基金对新兴市场的减配,会在客观上有利于欧洲股市和房地产等市场。

一边是李嘉诚和黑石对欧洲市场的青睐,一边是欧洲各国也在调整政策和资源以迎合之。欧洲很多国家都推出了吸引投资移民的政策。比如葡萄牙 2012 年推出"黄金居留证计划"(Golden Residence Permit Program),非欧盟国家公民在葡萄牙投资 50 万欧元以上的房产,就可以在葡萄牙获得临时居住权,投资期满 5 年后,即可换取永久居留签证,在第 6 年可申请入籍;再比如西班牙 2013 年调整投资移民法案,规定申请人年满 18 周岁、无犯罪记录、无被申根国驱逐记录、持有医疗保险且年收入至少 3 万欧元便可以通过在西班牙购置 50 万欧元房产,获得 TRP(临时居留签证)。这些移民新政收效很明显,葡萄牙 2012 年仅颁出 2 张黄金签证,2013 年就增至 494 张,截至 2014 年 6 月 30 日,全球共有 1166 位投资者顺利拿到葡萄牙黄金居留签证,其中中国投资者 952 名,占比 81%。

卖者想办法,买者有需求,这房市不想涨都难。据笔者所供职的《国际金融报》报道,葡萄牙大里斯本地区的房产估值保持了连续 3 个月的升值态势,特别是原本房价就很高的里斯本老城区,2014 年 7 月的平均值达到 1810 欧元/平方米,比 6 月上涨 2.4%,与 2013 年同期上涨 10.8%。英国亦如是。据英国国家统计局数据,英国房屋均价由 5 年前的 19.4 万英镑(约合人民币 202.1 万元)涨至目前的 25.4 万英镑(约合人民币 264.6 万元)。英国皇家特许测量师学会 Rics 数据显示,2014 年第一季度,英国的楼市销售额达到 6 年来的新高。

仰望欧洲房市,似乎满是涨声。甚至有声音说,赶紧来买房,不来就没机会了。机会真的来了吗?倘若是冲着移民而去,对价格不敏感的移民族,50 万欧元换个移民身份,似乎是很划算的买卖。葡萄牙新增的这数百张居留签证,应该就属于这种情况。对这批对价格不敏感的人们,讨论后市房价涨跌其实意义不大。但对纯粹的投资者,后市价格如何走就是很重要的参照。要想确切判断目前是否已是投资欧洲房地产资产的最佳时机,仍需要作更深入的分析判断。最起码有以下两个问题需要深入探讨。

其一，欧洲复苏的基础是否牢靠，是昙花一现还是长期趋势的起步？欧洲经济有亮色，但据此判断欧元区已走出危机仍有些为时过早。欧洲 2014 年实施的负利率政策，即可说明一切。其二，欧元区房地产是否已到大幅进场时。根据 2013 年 7 月份的数据显示，欧元区房价已下跌至 7 年来最低水平。当年一季度欧元区房地产价格连续 4 个季度下跌，较上一季度下滑 1％，同比下滑 2.2％。其中，西班牙（－12.8％）、匈牙利（－9.3％）、葡萄牙（－7.3％）、荷兰（－7.2％）、意大利（－5.7％）等国房地产价格降幅较大。比如，荷兰跌至 10 年最低水平，爱尔兰的跌幅也触及 2000 年以来最低水平，只有德国、奥地利等少数国家房价仍然上涨。同时，有趣的数据是，欧元区和欧盟 27 国建筑业产出 6 月环比分别上升 0.7％和 0.8％，均实现连续 3 个月增长。

从这些数据能得出欧元区房地产已进入新一轮周期的谷底了吗？根据前几轮周期的持续时间来看，欧元区房价已降至 7 年来的谷底，已处于触底反弹的区间。但房价会在该区间持续多久仍很难判断，个人以为把目前的市场称为谨慎乐观的投资"观察期"更为合适。

不能期望一部兵法包打天下

如果说投资欧洲房地产仍处于谨慎乐观期的话，我们对要不要投资欧洲的这个话题也不应该逃脱"谨慎"二字。经过几年的债务危机，倡导投资欧洲正当时的言论，立论的基点恰恰是欧洲经济已经到了最低谷，再低谷的概率已经很小，之后就可以迎来触底反弹了。如今，这个言论拥有广泛的市场，也有不少心急的践行者已经开始把资金向欧洲市场转移，比如前文提及的李嘉诚。事实也是，这些年对欧洲的投资额在激增，据荣鼎集团数据显示，2006 至

2009 年年投资额从 10 亿美元增至 30 亿美元,翻了 3 倍,2011 年再次翻 3 倍达到 100 亿美元。

对这个观点的另一个有利解释是,由于债务危机所累,欧洲的资金成本还未恢复到危机前的水平,这时介入欧洲市场会更为有利。也正是这些判断所致,一度有很多资金介入欧洲市场,作为经济晴雨表的欧洲股市也一时受到热捧。然而,计划总是赶不上变化,2014 年 8 月,由于欧洲经济数据的惨淡和乌克兰局势等不稳定因素影响,资金又纷纷出逃欧洲,抢滩新兴市场。是继续抄底欧洲市场,还是逃离,让不少投资者迷茫。按说,估值低于美国,是不错的买入机会,但稍有风吹草动就又让这一判断看起来很不可靠。

判断短期的资金流向,确实不是一个很容易做到的工作。即使是一些非常资深的市场分析人士,也常常因判断失误而导致损失惨重。笔者不打算对资金何时会再次流向欧洲作预测,倒是想就欧洲的基本面再作点归纳,以便投资者作参考。首先,第一个判断是,欧洲是一个更为稳定的市场。尽管有债务危机,但不影响这个判断。债务危机的突如其来,有外部因素,也有欧洲自身的经济结构不合理原因。尽管笔者在前文对风险作了过多的描述,但与别处相比,欧洲有着较为稳定的政治架构,而经过这几年的经济治理,欧洲的整体经济结构也逐渐趋于稳定。

第二个判断是,欧洲不是一个经济增长迅猛的大陆。整体上看,欧洲处于后发展区域,不管是从基础设施还是从产业发展,都已脱离了粗放型的发展模式,这一状况的好处是,欧洲产业相对成熟和稳定,而弊端是,像新兴市场一样通过投资而获取暴利的机会相对较少。如果期望随便投资就能获取非常高的收益,欧洲不是一个很好的投资市场。这或许也是资金又从欧洲回流新兴市场的一个原因。

基于这两个判断,在思考投资欧洲这个课题时,笔者以为有以下几点可以加以考虑。

其一，欧洲各国发展不平衡，不要期望一本"孙子兵法"包打天下。从本书第一部分的阐述中，读者可以清晰地发现，欧洲各国尽管大都受债务危机困扰，但各有各的故事。德国是欧洲大陆的标杆国，有着先进而成熟的经济模式和产业结构，消费习惯也与别国不同。岛国英国则又不同，有着通用语英语，还有世界金融中心伦敦，但也开始受到分裂势力的影响。法国又有着法国的故事，法国经济仍处于生产停滞、消费低迷、投资下降、出口减少的状态，公共部门占比较大，经济增长乏力。倘若想试试欧洲的投资机会，不同的国家要采取不同的策略，而不可一概而论。如果期望借着粗浅的了解，而盲目闯向欧洲市场，要想收获颇丰，除非中奖或运气才能达致。

其二，资本投资和产业投资也不同。从资本投资的角度讲，银行剥离不良资产、资本市场长期低迷，带来了不少机会。若能在合适的时机介入，也能有所收获。从产业角度讲，由于欧洲债务危机的治理等原因，资金紧缺是不少国家的通病，这直接导致了不少企业和产业的困境，也为外资介入并购提供了机会。欧洲也有不少好的品牌，尤其是一些世界知名的老字号品牌，也非常值得中国资本介入。相信，对一些好的项目，尤其是有增长潜力的项目，如果资金介入恰当，还是能够有所作为。

其三，投资国外市场一般都需要考虑的因素，如政治、环境、法律、文化等因素，也不能不察。虽说这是老生常谈，但在国外投资，这些年栽在这上面的可不是少数。国外的经营环境与国内差距非常大，如何适应欧洲的环境，尤其是环保、监管等，都有着很多学问。虽说这些年前往欧洲的投资多了，比如2013年徐工集团就因此获得了德国北威州的"最佳投资奖"，但因各种原因引起的中企纠纷亦不少。还有的是政治层面的考量，像华为，我们就经常可以听到来自欧美的批评声。

　　这些提纲挈领式的提醒，并不能涵盖投资欧洲时的种种风险。在具体操作时，会遇到比这多得多的困难和风险。具体个中辛酸，相信走出国门的企业感受会更为贴切。不过，从趋势看，对欧洲的投资确实越来越多起来。笔者罗列一段英国《金融时报》的报道资料，一者供读者参考，二者作为本章的结尾：

　　2013 年外国在欧洲直接投资项目总数近 4000 个，比上年度增加 200 个；投资金额达到 2230 亿欧元的创纪录水平，比上年度增加 25%；共创造 16.6 万个就业机会。英国、德国和法国是 2013 年欧洲外国直接投资最佳目的地，伦敦、巴黎、柏林、法兰克福和慕尼黑是欧洲对直接投资最具吸引力的城市。研究显示，加工业 10 年前约占欧洲所有直接投资项目的一半，现在服务业所占份额已超过总量的 2/3。数字和生命科学是最有吸引力的领域。2013 年，软件、药品和科研公司对欧洲投资增幅较大。

尾　声　重塑欧洲的未来

如果这不幸是"资产负债表衰退"在欧洲的表现，那欧洲就需要切实思考该如何来刺激企业把更多的资金用于发展和开拓市场，而不是仅仅用于弥补资产负债表上的债务赤字。负债最小化就不应该成为企业和政府的首要选项。欧洲需要作更深入的考量，思考是该靠财政政策调整过剩的国内储蓄，还是靠降低汇率刺激对外输出。更进一步，欧洲是否该重新考量是尽更大力气刺激经济、促进发展，还是继续在减赤上着墨。

拉拉杂杂地花了十几万字的篇幅，要想对欧洲做个准确且全景式的描述，是一项难以完成的工作。笔者也没有这么大的胸怀，想做的只不过是把想到的那些内容记录下来，给自己也给读者一点交代。照例要对欧洲做点总结了，该如何总结呢？笔者想从三个方面谈起：

欧洲复苏的近忧与远虑

毕竟，是不是长期衰退还处于担忧阶段。欧洲经济前景，也正可谓亮点与忧虑并存。要对欧洲经济前景作个具象性的描述，李嘉诚还是个绝好的例子。

作为亚洲首富,以中国人为豪,"绝对不会从香港撤资"的李嘉诚,近两年来以行动诠释着什么叫"弃亚入欧"。报载,他的半数公司资产已转至欧洲,据和记黄埔2013年半年报,欧洲贡献了其35%的利润,比内地和香港还要高7个百分点。

春江水暖鸭先知。商人常常更容易感觉到经济的冷暖。笔者的校友"禅宗七祖"分析说,李嘉诚撤资背后的连环计是以欧洲作为多年后重返亚太的跳板,"以退为进、隔岸观火、趁虚而入"。这个判断是否准确有待时间检验,但李嘉诚"抄底欧洲"的做法,仍受到不少追捧。

与之相印证的是,最近的颇具代表性的言论来自欧洲联盟内部。欧元集团主席迪塞尔布洛姆(Dijsselbloem)、欧盟委员会经济与货币事务专员奥利·雷恩(Olli Rehn)、欧洲央行执委会成员阿斯姆森(Asmussen)、ESM负责人克劳斯·雷格林(Klaus Regling)和欧洲投资银行主席沃纳·霍耶(Werner Hoyer)2013年下半年联合为《华尔街日报》撰文称,欧洲对危机的回应"正在开始显示成效","欧洲不再那么容易受到外部冲击,在全球市场更具竞争力,也对国际投资者更有吸引力"。

支撑上述案例和判断的显见的依据是欧洲的经济数据,比如2012年二季度的GDP超预期。而确保欧洲债务危机真正走出困境的则是欧洲在危机后所作的制度性努力。如果要来总结的话,欧洲最成功之处在于尝试建立债务危机的止损和熔断机制。欧债危机救助的实践是,设定救助标准锁定重债国的债务风险,并建立危机救助机制和风险防范机制。

具体来说,欧洲对重债国确定救助标准,欧元区对成员国设定的标准是"预算赤字不能超过GDP的3%、负债率不超过GDP的60%",重债国要依据欧元区的救助标准约束自己,要么在框架约束下留在欧元区,要么离开欧元区自个儿玩自个儿的。其次是欧元区建立从 EFSF 到 ESM 的救助机制，并建立银行业联盟等，以防范危机的恶化和蔓延。

更进一步，欧洲危机救助的思路是一方面建立大经济政府，欧洲经济当局通过收紧货币权和财政权，来达到既能防范危机又能控制和救助危机的目的；另一方面，欧洲经济政府又寄望于欧洲整体的经济增长。从某种程度上说，欧洲近期经济形势的好转确如几位欧洲高官所说是欧洲对危机回应的"成效显现"。

但现实可能会比这几位高官"任何骄傲自满都将危害经济复苏"的言论更严重，欧洲目前的经济复苏仍有不可忽视的近忧与远虑。近忧是，欧洲的经济复苏基础并不牢固，几个重债国也并未真正走出困境，欧洲的银行业统一监管等制度建设仍有待进一步完善。

如果说这些近忧更容易解决的话，欧洲所面临的远虑则着实将考验欧洲当局的智慧。首先，欧洲经济当局的大政府思路需要足够的政治和经济能力作支撑，比如银行业统一监管，对欧央行就是一个难以企及的梦，欧洲能否在监管能力与道德风险之间求得平衡有待实践。并且，危机时期被压抑的很多问题在危机后很难不暴露出来，比如欧洲的区域不平衡问题，德法主导的经济政府能否在危机后仍能有效运转则不得而知。

其次，欧洲经济当局还面临"发展悖论"。欧洲要想真正走出危机，经济发展是最根本的出路，因为任何经济问题的解决最后都要落实到发展上。而欧洲经济政府由于先天的制度缺陷，发展难免加剧区域不平衡，而区域不平衡又进而损害经济当局的稳定。在解决欧洲经济当局的稳定与欧洲经济发展问题上，欧洲需要更多的智慧和手段。

要警惕陷入"失去的10年"

欧洲经济常常"意外"不断。比如 2013 年 11 月 30 日,正当外界响起一片复苏声时,欧元区公布的经济数据却给了世界一个意外:当年 10 月欧元区的 HICP(调和消费者物价指数,Harmonized Index of Consumer Prices)初值年率意外降至 0.7%,为 4 年来低点,低于预期的 1.1%,而 9 月失业率则持稳于 12.2% 的历史高位。

这个数据加大了市场对欧洲正在"日本化"的担忧。法兴银行战略分析师科特·朱克斯(Kit Juckes)在纪要中称,下滑的通胀率是欧元区经济正在"日本化"的一个警告。也有分析认为,这意味着政策制定者将不得不使欧元变强势,欧央行在面临通缩压力和巨额经常账户盈余的不妥协将导致欧元的走强。

很明显,对欧洲"日本化"的担忧确实是个不错的议题。一般认为,日本在"广场协议"后开始了十数年的衰退,经过这几年危机,欧洲会否像日本一样也面临十数年甚至数十年的危机,欧洲有识之士难掩心中担忧,尤其是经济数据出现异常时这种声音更强烈。

经济学家担忧的主要问题是,尽管欧洲作出了很多努力,欧洲经济却一如既往地在衰退中徘徊。欧洲政策研究中心经济政策部主任、意大利经济学家钦齐娅·阿尔奇迪就担心欧洲也面临日本一样的"经济不再增长、价格没有变化的 20 年"。像日本一样,债务居高不下,财政政策的施展空间有限,而同时又面临"流动性陷阱",传统货币政策失灵,降低利率已基本无济于事。

从这个角度看,欧洲确实有着类似的现实。债务高企影响着欧洲经济的复苏进程,减赤是近几年欧洲各国的主要任务之一,并且欧洲已维持低利率运行很久,甚至于2014年实行了负利率政策,这一低利率政策也将在很长一段时间继续维持。欧洲能够采取的只剩下些非传统的货币政策手段。一方面欧洲的总体失业率很高,而另一方面又内需不足,通胀率走低,隐含通缩风险;同时,又出现银行借贷下滑与经常账户盈余加速并存。这些现象,与日本当年颇为类似。

根据辜朝明的分析,日本当年面临的是"资产负债表衰退",企业的主要目的不是利润最大化,而是负债最小化。出于这个逻辑,日本企业无视零利率就毫不奇怪。而当企业都忙于还债时,将个人储蓄转化为企业投资的经济机制也随之失效。这进而意味着,银行借债下滑与经常账户盈余加速就自然成为必然现象,整个经济增速下降就成为难以避免的结果。

仿照这个框架来分析欧洲当前的经济,尚需要更深入的数据和实证检验,但一些显见的现象也不能不引起重视。比如当前高企的财政赤字制约着欧洲各国尤其是债务国的投入,比如欧洲一些国家的公共部门、居民以及企业负债率比较高等。这些现象警示我们,欧洲需要找到切实的办法增强企业和经济的活力。同时,这也告诉我们一个事实:欧洲通胀率下滑、失业率持续高企的背后,是经济疲软的现实,这不是依靠统计数据所能解决的。

如果这不幸是"资产负债表衰退"在欧洲的表现,那么欧洲就需要切实思考该如何来刺激企业把更多的资金用于发展和开拓市场,而不是仅仅用于弥补资产负债表上的债务赤字。负债最小化就不应该成为企业和政府的首要选项。欧洲需要作更深入的考量,思考是该靠财政政策调整过剩的国内储蓄,还是靠降低汇率刺激对外输出。更进一步,欧洲是否该重新考量是尽更大力气刺激经济、促进发展,还是继续在减赤上着墨。

当然,即使找到了合适的办法,欧洲仍要正视所面临的"增长的烦恼"。

比如阿尔奇迪所提到的老龄化,直接促使劳动力的减少,进而加剧公共财政的负担;还比如欧洲为之费心良久的银行业危机和债务困境,都会继续给欧洲发展带来阴影。毕竟,一旦开启"失去的 10 年",这就不仅仅是做好承担长期衰退的心理准备所能应对的。

别想把欧盟从 Party 变成帝国

再从经济说开去。笔者之前也谈到,有两个欧洲,经济的欧洲和政治的欧洲。而不管是欧元区还是欧盟,对各自的成员国而言都是权利场。这些成员国,各自都有着各自的盘算,争吵注定还将是常态。欧洲将向何处去,这是个难以回答的问题。

笔者曾在专著《大国思考:解读后危机时代的经济大势》中,对 2013 年欧洲经济可能会遇到的问题,用一个小节作了分析,认为这一年有三大问题需要欧洲克服:经济仍难振,欧洲需要攻坚克难;制度性缺陷将消解欧洲的努力,政治性因素是复苏的拦路虎;分裂思潮仍将撞击政治经济大一统的理念。

直到今天,笔者仍然发现当初的担忧并不多余:欧洲还在复苏与衰退的纠结中徘徊,甚至 2014 年 8 月份,舆论已经毫不留情地下了"欧洲再次进入衰退,欧洲经济政策已经完败"的结论;分裂的故事虽然没发生,但也不乏险情;关键是制度性的设计缺陷很忠实地发挥着制度设定的作用,让世界很容易看到各方存在的分歧和为了达成各自目标的争吵。

德国的默克尔对此一定有很深的感触。2013 年年末的欧盟峰会上,她的想法就再一次遭到别的国家的拒绝。其实道理很简单,德国想利用危机对各国的经济政策多些约束,而别个国家却担忧这会损害到本国主权。最后大伙儿一商量，得了，还是给你否掉吧。连德国的铁杆盟友荷兰，都没给面子。德国提议的法律约束力条款，就这么被搁置了。

这其实不奇怪。尽管有欧元作为统一的货币，但在各国主权分散化的架构下，任何共识的达成都需要各个主权国家的授权。德国拿钱给大伙儿发，大伙儿都高兴，鼓掌欢庆，掌声更激烈些都行；但发完钱了你说"你们家的有些事儿我也来说两句行不？""那可不行，我家的事儿怎么能让你多嘴？"当我手头紧时，你多说两句我就忍忍；手头略有宽裕，那就忍不得了。

这几年的危机治理就这么一个逻辑。德国和几个主要债权国拿出些钱，债务国尤其是高危国就让让步，让渡些权利出去。这中间也少不了你来我往的争吵，也算达成了不少协议，尽管缩水的也不少。危机越严重，让渡的权利就越多。经济稍微好一点，那就自己修补吧，不劳您老人家大驾了。要让我改革，我还得先问问我的选民。

还真各有各的道理。欧洲各国各有各的国情，经济背景、民族、文化和历史沿革也不尽然相同，尽管"齐尊周天子"，但这是情势使然，还有那么点小九九在。周天子可以给我安全，危机时能救我一把，最好是让我少交点儿保护费。但要让我改变，把我变成非我，那可要再想想看。所以说，欧洲要想玩好这盘棋，调和冲突，凝聚共识就很重要。

也就是说，你如何才能让各国相信，我们搞的银行业联盟、我们搞的经济乃至政治一体化改革，对大伙儿都会很有利。你如何才能让各国相信，欧洲的这波危机，既有大的国际政治与经济环境变化的因素，也有欧洲自身的结构性问题，我们需要站在一起，共克时艰。这既是欧洲的整体利益所在，也是欧洲各国的自身利益所在。没有欧洲国家能超脱欧洲而独自存在。

这是欧洲各国齐尊周天子的时代背景，也是欧洲"大一统"能够持续的现实基础。当然，欧洲应该以什么样的形态存在，还需要各国有个充分的认识。

图书在版编目(CIP)数据

欧债真相：从危机看一体化经济的隐患与未来 / 许
凯著. —杭州：浙江大学出版社，2015.1
ISBN 978-7-308-14119-2

Ⅰ.①欧… Ⅱ.①许… Ⅲ.①欧元区—债务危机—研
究 Ⅳ.①F835.059

中国版本图书馆 CIP 数据核字（2014）第 280636 号

欧债真相：从危机看一体化经济的隐患与未来

许 凯 著

策 划 者	杭州蓝狮子文化创意有限公司
责任编辑	黄兆宁
封面设计	水玉银文化
出版发行	浙江大学出版社
	（杭州市天目山路 148 号　邮政编码 310007）
	（网址：http:// www.zjupress.com）
排　　版	杭州林智广告有限公司
印　　刷	浙江印刷集团有限公司
开　　本	710mm×1000mm　1/16
印　　张	14.5
字　　数	184 千
版 印 次	2015 年 1 月第 1 版　2015 年 1 月第 1 次印刷
书　　号	ISBN 978-7-308-14119-2
定　　价	48.00 元

欧洲的危机救助需要更强有力的欧洲经济政府,但强有力的经济政府是推动欧洲最终走向集权还是松散,则应是另一个层面的问题。欧洲各国需要改革,但倘若借改革名义推动欧洲集权,则很难不走向歧路。

　　或者换句话说,现时的欧盟和欧元区,更像是个 Party 而不是帝国。现时的制度框架,已很难从 Party 走向帝国。欧洲各国的争吵还将继续,欧洲各国都需重新审视自身利益与欧洲整体利益,从而找到二者的平衡。而不是只顾自说自话,陷入无尽的不可解中。